Investors Protection and Corporate M&A Performance

投资者保护与并购收益问题研究

陈 冬/著

人民出版社

策划编辑:郑海燕

封面设计:吴燕妮

责任校对:吕　飞

图书在版编目(CIP)数据

投资者保护与并购收益问题研究/陈冬 著. −北京:人民出版社,2013.11

ISBN 978 − 7 − 01 − 012417 − 9

Ⅰ.①投… Ⅱ.①陈… Ⅲ.①企业合并−研究−中国 Ⅳ.①F279.21

中国版本图书馆 CIP 数据核字(2013)第 181660 号

投资者保护与并购收益问题研究

TOUZIZHE BAOHU YU BINGGOU SHOUYI WENTI YANJIU

陈　冬　著

人民出版社 出版发行

(100706　北京市东城区隆福寺街 99 号)

北京龙之冉印务有限公司印刷　新华书店经销

2013 年 11 月第 1 版　2013 年 11 月北京第 1 次印刷

开本:710 毫米×1000 毫米 1/16　印张:12.75

字数:200 千字

ISBN 978 − 7 − 01 − 012417 − 9　定价:36.00 元

邮购地址 100706　北京市东城区隆福寺街 99 号

人民东方图书销售中心　电话 (010)65250042　65289539

目　　录

第一章 概 述

随着我国市场经济和资本市场的发展,企业间的并购活动日趋频繁。根据香港理工大学和深圳国泰安公司联合开发的国泰安数据库中的"中国上市公司并购重组研究数据库"数据显示,1998年,我国上市公司发生的并购事件为30余起,2011年则达4681起,2012年达4566起。是什么因素推动我国上市公司并购活动的发生和发展?并购是否创造了收益?这是并购研究关注的基本问题。在此种形势下,深入分析并购收益及并购收益的影响因素,对于深入理解促使企业并购活跃发生的原因,对于我国企业和资本市场健康发展,乃至市场经济的发展,都具有非常重要的意义。

第一节 研究内容

西方财务理论对于并购的动机和影响因素已有了较为成熟的分析。但是,这些分析是基于成熟的资本市场,而中国的市场经济环境和资本市场制度环境与西方发达国家的资本市场制度背景存在很大差异。即使和转型经济国家相比较,中国仍具有其特有的制度因素,与转型经济国家的制度环境仍存在诸多不同,例如,企业产权性质的复杂性、地区间制度环境的差异性、对中小投资者的法律保护不断变迁等。而且,我国企业并购的特点之一是关联并购和非关联并购并存。同时,上市公司多存在实际控制人。因此,我们必须置身于中国国情进行研究,建立适合中国国情的理论框架,作为理解日趋频繁的企业并购的理论指导。

　　并购是资本市场发展的产物。资本市场最重要的制度变量之一是对投资者的保护。横向地看,我国地区间制度环境的显著特征是地区差异非常明显,各地区对投资者的保护程度参差不齐;历史地看,我国资本市场发展突出的特点之一是对投资者的保护程度日渐提高。在企业内部,实际控制人现金流权和控制权的分离程度降低了对中小投资者利益侵害的成本。对投资者的保护程度改变公司财务政策的决策约束边界,最终影响公司财务决策本身。那么,对投资者的保护程度是否影响、如何影响我国企业的并购活动和并购收益,国内鲜有相关研究。如果实证研究的结果表明对投资者的保护确实影响并购收益和并购活动,并且能够揭示产生影响的机理,那对加强我国资本市场制度建设、加强地区制度环境建设有着重要的意义。

　　本书拟以 A 股上市公司作为收购方的股权标的并购事件为研究对象,从投资者保护角度对我国上市公司的并购收益问题做一个相对系统的研究和分析,揭示地区投资者保护、资本市场中小投资者保护的变迁、实际控制人现金流权与控制权两权分离对并购收益的影响和影响机理。

　　具体而言,在对国内外并购收益研究文献进行回顾和评论的基础上,基于交易成本经济学、产权理论与公司边界的分析,指出交易成本经济学、产权理论关于公司边界分析的局限性;分析我国上市公司制度环境和上市公司并购活动特征;由此引申出并购研究的投资者保护视角。在此基础上,系统地就并购双方所在地的地区投资者保护程度、中小投资者法律保护的动态变迁、实际控制人现金流权和控制权的分离程度对上市公司各类并购活动的活跃程度、并购活动的地域选择、关联及非关联并购中收购方的并购收益的影响展开理论和实证分析,从而构建一个从投资者保护视角展开的"并购活动活跃程度—并购地域选择—并购收益"较为完整的、静态和动态视角相结合、公司外部视角和公司内部视角相结合、研究中国上市公司并购问题的分析框架。

　　拟对以下几方面问题进行研究:

第一,地区投资者保护、企业性质与异地并购的协同效应问题。主流并购理论认为协同效应是并购收益的主要来源。近期的文献从地区投资者保护角度研究跨国并购行为和并购收益,认为协同效应来自公司治理传递的外溢效应(spillover effect)和拔靴效应(bootstrapping effect)。我国31个省区市制度环境发展程度存在较大差距,各地区的投资者保护程度不尽相同,这为从投资者保护视角研究我国企业并购的协同效应提供了契机。同时值得注意的是,地区投资者保护程度,除了可能代表公司治理水平以外,还代表交易成本和市场摩擦。并购实现资源的重新配置,但是,市场摩擦会阻碍有效并购的发生,降低并购的效率,阻碍企业边界的扩张。在我国,并购双方地区投资者保护程度差异是否也为企业带来并购的协同效应?地区投资者保护程度对并购收益的影响是来自于公司治理的改善还是并购交易成本的下降?并购双方地区投资者保护程度差异与并购协同效应之间的关系在民企、地方国企和央企实施的并购中是否一致?本书拟通过同时检验公司治理的外溢效应、拔靴效应以及并购的交易成本效应展开分析。

第二,目标公司地区投资者保护与并购地域选择问题。我国31个省区市投资者保护水平地区间发展不平衡,地区投资者保护程度如何影响并购的地域选择?来自投资者保护程度高的地区的收购方公司是否倾向选择来自投资者保护程度低的地区的目标公司,抑或倾向选择同样来自投资者保护程度高的地区的目标公司?来自投资者保护程度低的地区的收购方公司是否倾向选择来自投资者保护程度高的地区的目标公司,抑或倾向选择同样来自投资者保护程度低的地区的目标公司?

第三,中小投资者法律保护程度的动态变迁与非关联并购、关联并购财富效应的关系。法与财务的研究文献从后果视角主张,对中小投资者的法律保护越强,损害中小投资者利益的行为将面临更严厉的处罚,因此利益侵害行为的成本更高。我国对中小投资者保护程度的纵向变迁表现为与中小投资者保护有关的法律法规不断健全和完善。中小投资者法律保护的变迁是否分别增加和降低非关联并购和关联并购的收益?

第四,实际控制人现金流权与控制权分离程度和并购收益问题。产权理论认为当权力面对的激励发生改变时,权力的运用会产生不同的后果,带来不同的收益。我国上市公司大多存在实际控制人(终极控股股东),现金流权和控制权的分离使实际控制人以较低的成本获得更多的控制权私利,两权的分离程度是否会降低并购收益?当地区投资者保护程度高时,地区投资者保护是否对公司治理与并购收益间的关系产生增量影响,抑制两权分离与并购收益的负向关系?公司治理的基本目标是保护投资者利益,内部公司治理因素如何影响并购收益?

全书的框架结构如图1-1所示。

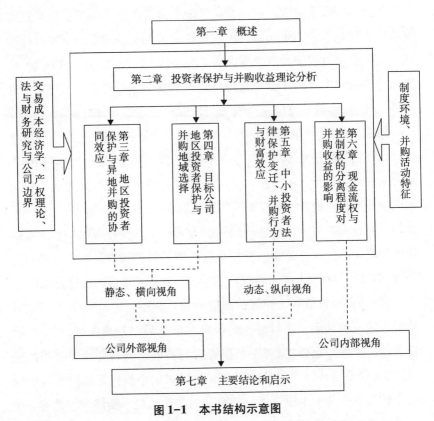

图1-1 本书结构示意图

第二节　文献述评

对有关文献的回顾和梳理分为国外并购收益研究综述和国内并购研究述评两部分。在国外并购收益研究综述部分,回顾目标公司、收购方公司并购收益的相关文献和主要结论。在国内并购研究述评部分,以1998—2012年《中国社会科学》、《经济研究》、《管理世界》、《金融研究》、《会计研究》上刊登的将并购重组作为研究主题的文献为综述对象,回顾它们具体的研究问题、研究视角和研究结论,并进行简要评论。在此基础上引申出投资者保护与并购收益研究的思路。

一、国外并购收益研究综述

(一)并购收益的研究方法比较

已有文献主要使用四种衡量并购收益的方法:事件研究法(event study)、会计研究法(accounting studies)、对高管进行调查研究(surveys of executives)、实地(案例)研究法(clinical studies)。

事件研究法又称为市场研究法,是用并购公告若干窗口期的累积超额收益率(cumulative abnourmal return,CAR),以及购买并持有收益率(buy-and-hold)衡量股东回报,其中,个股的正常收益率多使用市场模型法进行衡量。这一方法认为股价是未来现金流的现值,从20世纪70年代起,该方法逐渐在并购研究中占据了主导地位,可用于研究并购的短期和长期收益。

会计研究法是通过比较并购前后的财务指标来判断并购收益,常用的财务指标包括净收益、净资产收益率、每股收益、资产流动性、负债率等。进行研究样本的匹配是会计研究法的运用关键,即把并购企业和未进行并购的企业进行配对,匹配样本的选择大多考虑同行业、企业规模相近这些因素,所以,会计研究法把并购收益定义为并购企业是否比未进行并购的匹配企业有更好的财务业绩表现。会计研究法多用于研究并购的长期收益。

调查研究法是通过设计标准调查问卷,向并购企业高管层进行调查,通过对调查数据的综合评价获得对并购收益的判断。

实地研究法是通过对小样本并购企业的深度研究,包括对高管层的访谈和实地观察了解等,对并购收益进行判断,这类研究多是探索性研究。

四种并购收益研究方法的优缺点如表1-1所示。

表1-1 并购收益研究方法优缺点比较

	市场研究法(事件研究法)	会计研究法	调查高管法	实地(案例)研究法
优点	1.直接衡量并购为投资者创造的价值 2.是对并购创造的价值前瞻性的衡量(根据财务理论,股价是预期未来现金流量的现值)	1.财务报告经过审计 2.财务指标常被投资者用于判断企业业绩,是对并购价值的间接衡量	与被调查者(并购公司高管层)直接接触,能够审视股票市场可能未察觉到的价值创造	1.重构并购过程 2.探索性研究,可能提出新的并购研究理念
缺点	1.要求股票市场有效、理性、无套利 2.对窗口期内的事件非常敏感,可能对并购累积超额收益率产生影响	1.不同年份的财务数据可能不可比:公司可能会改变其会计行为,会计准则可能发生改变 2.是历史的企业业绩:忽视无形资产带来的价值,由于历史成本使得财务数据受通胀或紧缩的影响 3.受信息披露程度影响 4.不同公司的会计政策不同,对公司间的比较带来噪音 5.各国会计准则不同,跨国并购研究受到限制	1.以管理层的立场看待价值创造,可能与股东价值不一致 2.依靠被调查者的回忆,易受到主观影响 3.调查结果缺乏普适性	1.无法进行假设检验 2.不同的研究报告具有独立性,阅读者难以从不同的报告中提出一致的研究启示

资料来源:Bruner,Robert F.,"Does M&A Pay? A Survey of Evidence for the Decision-Maker", *Journal of Applied Finance*,Vol.12, No.1,2002,pp.48-68.

（二）并购收益研究文献回顾

詹森（Jensen）和鲁巴克（Ruback）（1983）对1980年以前的并购研究文献、吉里尔（Jarrell）等（1988）对20世纪80年代的并购研究文献、布鲁诺（Bruner）（2002）对20世纪70年代至20世纪90年代的并购研究文献、玛蒂诺娃（Martynova）和吕尼布格（Renneboog）（2008）对5次并购浪潮的研究文献分别进行了综述，均重点关注了对并购双方收益所做的研究。基本上认为，目标公司从并购中获得正的收益，这一结论非常稳健，不随样本规模、样本期间、交易方式（部分收购或要约收购）、并购时期而改变，这表明并购使价值传递给了目标公司的股东。但是，收购方是否获得并购收益结论仍是不确定。所以，数量众多的文献不仅未能给收购方"并购绩效悖论"一个答案，而且似乎更加支持了这一悖论的存在。

1.目标公司短期并购收益

目标公司正的并购收益在几次并购浪潮中并无显著差异（安德雷德等，2001）（Andrade）。即使将市场的不完备考虑进去，斯瓦特（Schwert）（1996）发现由于小道消息（rumours）、信息提前泄露、内幕交易等，市场在并购公告前就已经有了反应，他发现在并购公告前42天，有关并购信息的提前释放就导致股价发生了变化。考虑可能存在公告效应提前，布莱德利（Bradley）等（1988）、巴格特（Bhagat）等（2005）以公告前2个月的累积超额收益率为研究对象，仍发现目标公司并购收益为正。

并购公告后的市场反应受到多因素的影响，如交易特征（是否恶意并购、支付方式、要约收购或协议收购等）。学者们将这些特征纳入并购收益的分析当中。在恶意并购中目标公司会获得更多溢价（弗兰克斯和梅尔，1996）（Franks，Mayer）。弗兰克斯等（1991）还发现，相对于部分收购和兼并，目标公司从要约收购中获得的收益更大；相对于股票支付，目标公司从现金支付中获取的收益更大。乔治恩（Goergen）和吕尼布格（2004）发现即使其他交易特征相同，纯股票支付为收购方带来的收益也要低于纯现金支付。对于同业并购和多元化,目标公司收益不存在差异。

针对不同行业的并购活动,目标公司短期并购收益的研究结论仍成立。例如,班尼施(Beneish)等(2008)对烟草行业发生的并购进行分析后,仍发现并购后目标公司的业绩显著提高,成本率显著下降。

总之,无论并购公告前、公告时还是公告后的市场反应,基本上研究认为目标公司收益为正。

目标公司短期并购收益研究情况见表1-2。

表1-2 目标公司短期并购收益

作者及发表年份	累积超额收益率	样本量	样本期间	并购收益窗口期
布莱德利(Bradley),迪塞(Desai),金(Kim)(1988)	+31.77% ***	236	1963—1984年	(-5,5)
郎(Lang),斯图尔茨(Stulz),沃京(Walkling)(1989)	+40.3% ***	87	1968—1986年	(-5,5)
弗兰克斯,哈里斯(Harris),俤特曼(Titman)(1991)	+28.04% ***	399	1975—1984年	(-5,5)
希利(Healy),佩普(Palepu),鲁巴克(1992)	+45.6% ***	50	1979—1984年	(-5,5)
卡普兰(Kaplan),温斯别克(Weisbach)(1992)	+26.9% ***	209	1971—1982年	(-5,5)
史密斯(Smith),金(1994)	+30.19% *** +15.84% ***	177	1980—1986年	(-5,5) (-1,0)
斯瓦特(1996)	+26.3% ***	666	1975—1991年	(-42,126)

续表

作者及发表年份	累积超额收益率	样本量	样本期间	并购收益窗口期
朗格莱恩（Loughran），维京（Vijh）（1997）	+29.6%＊＊（兼并）	419	1970—1989年	（-2,1250）
	+126.9%＊＊（要约收购）	135		
	+47.9%＊＊（全样本）	554		
休斯顿（Houston）等（2001）	+15.58%＊＊（兼并）	27	1985—1990年	（-4,1）
	+24.60%＊＊（要约收购）	37	1991—1996年	
	+20.80%＊＊（全样本）	64	1985—1996年	
安德雷德等（2001）	+20.1%＊＊＊	1494	1973—1998年	（-1，+1）
利西（Leeth），伯格（Borg）（2002）	+15.57%＊＊＊	72	1919—1930年	（-1,宣告结束日）
格莱汉姆（Graham）等（2002）	+22.51%＊＊＊	356	1980—1995年	（-1,1）
恩（Ang），程（Cheng）（2006）	+26.11%＊＊＊	848	1984—2001年	（-1,宣告结束日）
莱吉（Raj），菲西斯（Forsyth）（2003）	+29.22%＊＊	22	1990—1998年	（-20，+5）
乔治恩,吕尼布格（2004）	+12.62%＊＊＊	41	1993—2001年	（-2，+2）
坎帕（Campa），赫内杜（Hernando）（2004）	+3.86%＊＊	182	1998—2000年	（-1，+1）
巴格特等（2005）	+44.78%＊＊＊	214	1962—2001年	（-5，+5）

续表

作者及发表年份	累积超额收益率	样本量	样本期间	并购收益窗口期
格斯帕（Gaspar），马萨（Massa），马特斯（Matos）（2005）	+21.5%	3814	1980—1999年	(63,+126)
贝特（Bates），贝克尔（Becher），莱蒙（Lemmon）（2008）	显著为正	20335	1990—2002年	(−1,1)(−42,2)
贝特,莱蒙（2003）	显著为正	3533	1989—1998年	(−1,1)

资料来源:笔者根据相关文献整理。***、**表示在1%、5%的水平上统计显著。

2.收购方短期收益

收购方是否获得并购收益的结论是不一致的。对20世纪六七十年代的并购进行的研究,伊克伯（Eckbo）(1983)和阿斯奎斯（Asquith）(1983)报告了0.2%—0.1%的超额累积收益率。对20世纪七八十年代的并购进行的研究,莫克（Morck）等(1990)、拜德（Byrd）和希克曼（Hickman）(1991)、常（Chang）(1998)发现收购方的累积超额收益率为负。而西瓦（Savor）和陆（Lu）(2009)却发现并购未成功的收购方业绩低于并购成功的收购方,并购为收购方创造收益。

收购方是否获取并购收益结论的不一致性存在于多次并购浪潮中。史密斯和金(1994)对第四次并购浪潮的研究也有相似结论。

收购方并购收益受到并购方式、支付方式、并购战略的影响。善意并购的超额累积收益率大于恶意并购的累积超额收益率,恶意并购导致收购方公司价值下降;受股票流动性影响,收购上市公司的收购方收益更大一些(欧非舍,2007)(Officer);全股票支付时收购方的收益为负。相关行业并购带来正的收益,而非相关行业并购收益不显著为正。收购方短期并购收益研究情况如表1-3所示。

表1-3 收购方短期并购收益研究

作者及发表年份	累积超额收益率	样本量	样本期间	窗口期
A:短期并购收益为负				
莫克,施莱弗(Shleifer),维施尼(Vishny)(1990)	-0.70%	326	1975—1987年	(-1,1)
弗兰克斯,哈里斯,悌特曼(1991)	-1.45%	399	1975—1984年	(-5,5)
拜德,希克曼(1992)	-1.2%***	128	1980—1987年	(-1,0)
希利,佩普,鲁巴克(1992)	-2.2%	50	1979—1984年	(-5,5)
卡普兰,温斯别克(1992)	-1.49%***	271	1971—1982年	(-5,5)
西罗尔(Sirrower)(1994)	-2.3%***	168	1979—1990年	(-1,1)
米歇尔(Mitchell),斯塔福德(Stafford)(2000)	-0.14%***	366 366	1961—1993年	(-1,0)
休斯顿等(2001)	-4.64%***（兼并）	27	1985—1990年	(-4,1)
	-2.61%（要约收购）	37	1991—1996年	
	-3.47%**（全样本）	64	1985—1996年	
格莱汉姆等(2002)	-0.78%	356	1980—1995年	(-1,1)
莱吉,菲西斯(2003)	-4.13%**	22	1990—1998年	(-20,+5)
弗勒(Fuller)等(2002)	-1.00%**	456	1990—2000年	(-2,+2)
列恩(Lehn),赵(Zhao)(2006)	-7.03%***	61	1990—1998年	(-5,+40)
恩,程(2006)	-0.48%*	848	1984—2001年	(-1,宣告结束日)

续表

作者及发表年份	累积超额收益率	样本量	样本期间	窗口期
贝特,贝克尔,莱蒙 (2008)	显著为负	20335	1990—2002 年	(−1,1) (−42,2)
B:短期并购收益为 0 或为正				
多德,鲁巴克 (1977)	+2.83% ** (并购成功)	124	1958—1978 年	(0,0)
	+0.58% (并购未成功)	48		
吉里尔,布莱德利 (1980)	+6.66% **	88	1962—1977 年	(−40,+20)
布莱德利,迪塞,金 (1983)	+2.35% *** (并购成功)	161	1962—1980 年	(−10,+10)
阿斯奎斯 (1983)	+0.2% (并购成功)	196	1962—1976 年	(−1,0)
	+0.50% (并购未成功)	89		
伊克伯 (1983)	+0.07% (并购成功)	102	1963—1978 年	(−1,0)
	+1.20% *** (并购未成功)	57		
布莱德利,迪塞,金 (1988)	+1% ***	236	1963—1984 年	(−5.5)
郎,斯图尔茨,沃京 (1989)	0%	87	1968—1986 年	(−5,5)
史密斯,金 (1994)	+0.50%	177	1980—1986 年	(−5,5)
斯瓦特 (1996)	+1.4%	666	1975—1991 年	(−42,126)
克舍斯(Kohers),克舍斯 (Kohers) (2000)	1.37% *** (现金支付)	961	1987—1996 年	(0,1)
	1.09% *** (股票支付)	673		
	1.26% (全样本)	1634		

续表

作者及发表年份	累积超额收益率	样本量	样本期间	窗口期
安德雷德等（2001）	+0.4%	1494	1973—1998 年	(-1, +1)
贝（Bae）等（2002）	+2.67%**	107	1981—1997 年	(-5,+5)
穆勒（Moeller）等（2004）	+1.38%***	4862	1980—2001 年	(-1, +1)
乔治恩,吕尼布格（2004）	+4.35%***	41	1993—2001 年	(-2,+2)
菲（Fee）,托马斯（Thomas）（2004）	+3.06%***	554	1980—1997 年	(-1,1)
穆勒等（2005）	+1.20%*	1519	1980—2001 年	(-1, +1)
董（Dong）等（2006）	+3.86%***	92	1964—1982 年	(0, +20)
班尼施,杰恩森（Jansen）,利维斯（Lewis）,斯图瓦特（Stuart）（2008）	+2.3%***	88	1957—2002 年	(-1,1)
马萨,张（2009）	显著为正	2473	1983—2003 年	(-1,+126)

资料来源:笔者根据相关文献整理。***、**、* 表示在 1%、5%、10%的水平上统计显著。

3.并购双方短期总收益

布莱德利等（1988）对 1963—1984 年的并购事件进行研究后认为,尽管收购方并购收益不显著为正,但目标方仍可获得正的收益,所以,总体上并购是创造价值的。最近,坎帕和赫内杜（2004）的研究也得出相同的结论。并购双方总并购收益研究情况如表 1-4 所示。

表1-4 并购双方总并购收益研究

作者及发表年份	累积超额收益率	样本量	样本期间	窗口期
布莱德利,迪塞,金(1988)	7.43%***	236	1963—1984年	(−5,5)
郎,斯图尔茨,沃京(1989)	+11.3%***	87	1968—1986年	(−5,5)
弗兰克斯,哈里斯,悌特曼(1991)	+3.9%***	399	1975—1984年	(−5,5)
希利,佩普,鲁巴克(1992)	+9.1%***	50	1979—1984年	(−5,5)
卡普兰,温斯别克(1992)	+3.74%***	209	1971—1982年	(−5,5)
史密斯,金(1994)	+8.88%*** +3.79%***	177	1980—1989年	(−5,5) (−1,0)
利西,伯格(2002)	+86百万美元	53	1919—1930年	(−40,0)
休斯顿等(2001)	+0.14%(兼并)	27	1985—1990年	(−4,1)
	+3.11%***(要约收购)	37	1991—1996年	
	+1.86%***(全样本)	64	1985—1996年	
坎帕,赫内杜(2004)	+1.33**	182	1998—2000年	(−1,+1)

资料来源:笔者根据相关文献整理。***、**表示统计在1%、5%的水平上显著。

4.事件研究法对长期并购收益的研究

早期研究认为长期的并购收益为负。由于事件研究法对窗口期事件十分敏感,无法把并购效应和其他影响收益的因素相分离(詹森和鲁巴克,1983),其他事件可能对并购的累积超额收益率产生噪音(卡乌斯,

1989)（Caves）。巴伯（Barber）和利恩（Lyon）（1997）指出应采用匹配研究法研究长期并购收益。近期的研究多采用匹配研究方法研究并购的长期收益。穆勒等（2004）、恩和常（2006）、桑德桑楠（Sudarsanam）和马哈特（Mahate）（2003）、米歇尔和斯塔福德（2000）的研究未发现显著的长期并购收益。不同的并购类型、不同的支付方式下，长期并购收益结论不一致。股票支付的并购长期绩效为负，现金支付的并购长期绩效为正（朗格莱恩和维京，1997）。弗兰克斯和梅尔（1996）发现恶意并购的长期绩效为正，而克洛克西（Croci）（2000）发现并购后 3 年内业绩明显下降。豪根（Haugen）和尤德尔（Udell）（1972）对第三次并购浪潮的研究、伊克伯（1986）对第四次并购浪潮的研究均发现多元并购长期绩效为正。所以，长期并购收益的研究未取得一致结论。事件研究法对收购方长期并购收益的研究情况如表 1-5 所示。

表 1-5　收购方长期并购收益研究：事件研究法

作者及发表年份	累积超额收益率（%、收益额）	样本量	样本期间	窗口期
多德,鲁巴克（1977）	−1.32%（成功并购）	124	1958—1978 年	(0,365 天)
	−1.60%（并购未成功）	48		
阿斯奎斯（1983）	−7.20% *** （成功并购）	196	1962—1976 年	(0,240 天)
	−9.60% *** （并购未成功）	89		
布莱德利,迪塞,金（1983）	−7.85% *** （并购未成功）	94	1962—1980 年	(0,365 天)
阿克格鲁（Agrawal）,杰弗（Jaffe）,曼德科尔（Mandekler）（1992）	−10.26% ***	765	1955—1987 年	(0,1250 天)

续表

作者及发表年份	累积超额收益率 （%、收益额）	样本量	样本期间	窗口期
朗格莱恩,维京 (1997)	−14.2% （兼并）	334	1970— 1989年	(1,1250天)
	+61.3%*** （要约收购）	100		
	−0.1% （全样本）	434		
罗(Rau),瓦曼伦 (Vermaelen) (1998)	−4%*** （兼并） +9%*** （要约收购）	3,968 348	1980— 1991年	(0,36月)
达特(Datta)等 (2001)	−10.67%***	437	1993— 1998年	购买并持 有收益率
克舍斯,克舍斯 (2001)	+32.09%***	304	1984— 1995年	购买并持 有收益率
科恩(Conn)等 (2005)	−19.78%***	576	1984— 2000年	购买并持 有收益率

资料来源:笔者根据相关文献整理。***、**表示在1%、5%的水平上统计显著。

5.会计研究法对长期并购收益的研究

如果并购创造价值,则并购的公告效应应该反映在并购后的会计业绩中,但会计研究法的结论却不支持这一点。使用会计研究法研究长期收益,似乎持"业绩下降"这一观点的文献较多。如莱文斯克福特(Ravenscraft)和斯查拉(Scherer)(1987)发现收购方的收益持续下降。缪勒(Mueller)(1985)使用总资产收益率、净资产收益率和销售利润率作为业绩指标,对7国(比利时、德国、法国、荷兰、瑞典、英国、美国)的并购进行了匹配研究,匹配样本的选择标准是同行业、企业规模接近、样本观测期内未发生并购,其研究结论也发现收购方收益持续下降。对第三次并购浪潮的研究,科叙(Cosh)(1980)发现并购后企业成长性

显著提高。但对第四次并购浪潮研究后发现企业成长性有了显著变化
（格叙,2001）（Ghosh）。莱文斯克福特和斯查拉（1987）认为上述结论
的差异原因在于有的是使用基于会计收益的财务指标,有的是使用基
于现金流的财务指标。缪勒（1985）研究了并购导致的市场垄断是否
影响收购方收益,发现横向并购和纵向一体化使得并购后的市场份额
下降。古格勒（Gugler）等（2003）却发现相关并购（横向并购、纵向一
体化）使利润率上升,表明收购方市场力量得到增强。格叙（2001）
比较了相关并购与无关多元化的并购后的绩效,发现并无差异,支付
方式等交易特征反而影响并购后的绩效。股票支付的并购绩效差于
现金支付的并购绩效。会计研究法对长期并购收益的研究见表
1-6。

表 1-6　长期并购收益:会计研究法

作者及发表年份	样本期间	样本规模	主要结论
缪勒 （1985）	1950— 1992 年	100	收购方并购后市场占有率下降
莱文斯克福特,斯查拉 （1987）	1950— 1977 年	471	目标公司总资产收益率ROA 每年平均下降 0.5%
希利,佩普,鲁巴克 （1992）	1979— 1984 年	50	资产运营效率显著提高,但经营现金流无明显增长
查特吉（Chatterjee）,米克斯 （Meeks） （1996）	1977— 1990 年	144	1985 年前,盈利能力在并购后无显著提高,1985—1990 年期间,会计回报率显著提高
迪克森（Dickerson）,吉伯森 （Gibson）,萨科洛塔斯 （Tsakalotos） （1997）	1948— 1977 年	613	收购方总资产收益率ROA 低于未发生并购的企业
希利,佩普,鲁巴克 （1997）	1979— 1984 年	50	收购方会计业绩无显著变化

17

作者及发表年份	样本期间	样本规模	主要结论
帕里诺(Parrino),哈里斯(1999)	1982—1987年	197	收购方经营现金流出现明显增长,若为同业并购,并购双方会计业绩均得到提高
格叙(2001)	1981—1995年	315	收购方业绩无明显变化
古格勒等(2003)	1981—1998年	1250	总资产收益率上升

资料来源:笔者根据相关文献整理。

需要注意的是,会计研究法的结论无法进行国别的比较。对长期会计业绩研究的并购收益,一方面受统计方法影响,另一方面受会计数据、会计准则变化影响。

6. 调查研究、实地(案例)研究的结论

英格汉姆(Ingham)等(1992)所作的调查研究中,大部分的高管层认为并购带来长期和短期收益,但由于其未进行统计检验而使研究数据和结论受到影响。总体上,在已有的十几篇调查研究文献中,认为并购收益显著为负或并购未产生显著收益(布鲁诺,2002)。

在实地(案例)研究中,利斯(Lys)和文森特(Vincent)(1995)研究了AT&T收购NCR,布鲁诺(1999)研究了Renault与Volvo合并的案例,布鲁诺和伊迪斯(Eades)(1992)研究了Revco D.S.的杠杆收购,卡普兰(1989)研究了Campeau收购Federated。鲁巴克(1982)研究了Dupont收购Conoco。利斯和文森特(1995)认为由于管理层行为与股东财富最大化的目标不一致、管理者过度自信导致AT&T并购收益显著为负。布鲁诺(1999)发现在Volvo宣布撤销合并前,Volvo的市值损失达到22%,表明市场并不认可所谓的预期协同效应。布鲁诺和伊迪斯(1992)发现由于负债率过高导致杠杆收购失败。卡普兰(1989)认为目标公司并购收益来源是税收上的协同效应、成本下降和闲置资产的处置。鲁巴克(1982)发现目标公司获得显著为正的收益,而收购方公司并购收益显著为负。

(三)投资者保护与并购收益

国外文献对投资者保护与并购收益关系的研究主要从两个层面展开:公司层面和国家层面。无论是从公司层面还是从国家层面展开的投资者保护与并购收益研究,国外文献实际上均从公司治理角度探究并购收益的来源,主要从后果视角进行分析,其隐含的立论前提和依据是公司治理文献所主张的公司治理国际趋同,并购推动了公司治理的国际趋同,并由此而产生并购的收益。

在公司层面,以公司治理的基本目标——投资者保护为出发点,研究公司治理与并购收益的关系。马苏里斯(Masulis)等(2007)研究发现,如果公司设置了反收购条款,公司管理层受到来自控制权市场的治理威胁被减弱,这些公司更易发起管理层"建立商业帝国"等自利动机驱动的并购,所以,公司的反收购条款与其并购收益负相关。王(Wang)和谢(Xie)(2009)也使用了公司的反收购条款作为公司治理的替代变量,以1990—2004年间396起美国的国内并购事件作为研究样本,发现收购方公司治理程度越高,并购收益越大。

在国家层面,以跨国并购为研究对象,研究并购双方投资者(法律)保护与并购收益的关系。这一类研究将国家层面的投资者(法律)保护程度指代并购双方的公司治理水平,主张当并购双方来自投资者保护程度不同的国家时,公司治理的外溢效应或拔靴效应使并购创造收益。例如,布里斯(Bris)和卡布里斯(Carbolis)(2008)以跨国并购为研究对象,研究发现,当收购方公司来自对投资者保护程度高的英美等普通法系国家时,收购方公司治理水平较高,目标公司来自对投资者保护程度低的法语系和德语系大陆法系国家,目标公司治理水平较低,收购后,目标公司所在行业的托宾 Q 值上升,表明并购创造了价值,原因在于目标公司引入了收购方公司的治理结构,公司治理水平实现趋同。卡里（Chari）等（2005）研究了1988—2002年间发达国家的收购方公司收购新兴市场国家目标公司的并购事件，发现目标公司从并购中获得了收益。库柏斯（Kuipers）等（2008）以1982—1991年间国外公司收购美国公司的并购事件作为研究对象，他们关注了国家的法律环境对并购价值的影响。这些文献为公司治理的外溢效应提供了支持证据。玛蒂诺娃和吕尼布格（2008）对欧洲国家发生的跨国并购进行研究后发现，只要并购双方的投资者保护程度存在差异，无论是收购方公司的投资者保护程度低于目标公司，还是目标公司的投资者保护程度低于收购方公司，并购均可产生协同效应。这些文献除了支持外溢效应以外，还为公司治理的拔靴效应提供了支持证据。

二、国内并购收益研究述评

（一）我国企业并购研究背景

我国企业并购活动的兴起与经济体制改革、国企改革有重要关系。1984年，在国有企业广泛推行承包、租赁经营方式的同时，首先在保定和武汉出现了企业并购，它们被学术界称为"保定模式"和"武汉模式"。在武汉、保定等少数城市在早期的企业兼并中获得了一定的经济效益后，到1986年下半年，中国的其他一些城市，如北京、沈阳、重庆、郑州、南京、无锡、深圳等，并购活动也逐渐出现。1987年党的十三大报告明确小型国有企业产权可以有偿转让给集体和个人；1988年3月全国七届人大一次会议又明确把"鼓励企业承包企业，企业租赁企业"和"实行企业产权有条件的有偿转让"作为深化改革的两条重点措施；1989年2月我国第一个关于企业兼并的行政法规《关于企业兼并的暂行办法》出台，这一系列的举措对中国企业兼并重组活动起到了积极的推动作用。在政策的推动下，我国企业并购活动掀起了浪潮。1992年，中国政府确立了市场经济的改革方向，产权改革成为企业改革的重要组成部分。1993年11月，中共中央十四届三中全会通过了《中共中央关于建立社会主义市场经济体制若干问题的决定》，明确指出,要明晰产权关系,让产权流动和重组。1993 年,上海、武汉、成都等 16 个城市有 2900 多家企业被兼并和出售。上海市 1992 年有 151 家企业被兼并,到 1994 年底,上海有 508 家企业被兼并,涉及化工、机电、冶金、仪表、汽车等行业。

1993 年后出现了上市公司的并购。上市公司的并购活动是中国社会经济体制转变、市场经济体制确立、资本市场快速发展的体现①。2001 年,上市公司发生的并购案件不到 50 起,金额也不足 50 亿元。随着 2002 年《上市公司收购管理办法》的颁布,以及一批涉及外资并购的规章出台,上市公司并购活动日益活跃。2005 年,我国上市公司发生的并购案已超过 500 例,并购金额也达到 600 多亿元。2011 年则达 4681 起,2012 年达 4566 起。

伴随着并购活动的逐步开展,涌现出许多值得思考和研究的问题,既有并购与区域经济、产业组织结构调整的关系等宏观层面的问题(卢中原,2002),也有并购与公司价值等企业微观层面的问题,包括企业并购动因、并购的交易特征、并购公司的特征、并购公告时的财富效应、并购定价、并购公司的绩效、并购后的整合等。并购渐渐成为学术研究的重要主题。我国一些权威的社会科学类、经济管理类期刊杂志上刊载的并购研究文献数量逐渐增多。在国内主流学术期刊上,1998 年开始出现关于并购的实证研究论文,如原红旗和吴星宇(1998)、朱宝宪和王怡凯(1998)的研究。表 1-7 列示了 1998 — 2012 年间《中国社会科学》、《经济研究》、《管理世界》、《金融研究》、《会计研究》上刊载的以并购为研究主题的文章的数量。

---

① 如宝安收购延中、万科集团试图收购上海中华、一汽集团收购沈阳金杯、中远收购众城、恒通收购棱光、大港收购爱使、光大收购玉柴、易趣与雅宝联姻、联想与赢时通结合、搜狐收购 ChinaRen、华润控股万科、小天鹅与科龙结成战略联盟、海信集团与浪潮电子信息产业合并、青岛海尔斥巨资收购海尔空调有限公司的大部分股份等事件。

表 1-7 1998—2012 年间并购类文献的数量

期刊名 \ 年份	1998	1999	2000	2001	2002	2003	2004	2005	2006	2007	2008	2009	2010	2011	2012	合计
《中国社会科学》				1												
《经济研究》	1	1	1	4	3	6	1	1	1	1	2	1		3		26
《管理世界》	7	2	1	1	3	3	4	3	5	6	9	1	3	3		51
《金融研究》	1		1	1	2	2	1	1	1	2		3	1	1		17
《会计研究》	3	2		1		2		1	1	1			2	4	3	20
合计	12	5	3	7	8	13	6	6	8	10	11	5	6	11	3	114

资料来源:笔者整理。

（二）国内并购文献概况

国内学术界关于并购重组的研究一定程度上伴随着国企改制的推进而展开。所以,国内学术界关于并购的最初研究是从对国企兼并重组开始的,企业重组是为了更有效进行制度创新,提高企业运行效率和竞争力,而对企业之间或单个企业的生产要素进行分析整合的过程(慕刘伟和谢恒,2001)。这一主题的研究也成为国内并购文献特殊的组成部分,1998—2001年刊登的并购类文章多属这一主题,如张维迎(1998)、刘小玄(2001)、贾康、王晓光和马晓玲(1998)、李新春(2001)等。他们大多使用规范研究方法,通过理论分析和逻辑推演,研究为什么要进行国有企业的兼并重组,国有企业兼并重组可能存在的障碍,并先验地预期国企兼并重组带来的结果。极少的文献采用了实证研究方法,如平新乔和魏军锋(2001),注重解释为什么要进行国有企业的兼并重组,兼并重组作为国企改制的手段是否带来了国有企业绩效的提高。

随后,关于并购的研究逐渐超越了国企兼并重组这一范畴,2001—2004年间发表的文献将并购研究扩展到国企兼并重组之外。实证研究方法被越来越多的运用到并购研究中来,实证研究的程序和论文撰写的步骤也越来越规范。但这一阶段的研究基本上是围绕着并购绩效如何、并购是否创造价值、并购公司具备哪些特征等,研究未深入到为什么并购、并购动因是什么、什么因素影响并购价值的创造等方面。

学术界逐渐意识到仅知道并购绩效"是什么"是远远不够的,主要从2005年开始,旨在关注"为什么"的并购文献活跃起来,这类文献研究企业为什么并购(并购的动因是什么),为什么有的并购创造价值而有的并购破坏价值,影响并购价值创造的因素是什么,并购价值的来源是什么,如陈信元、叶鹏飞、陈冬华(2003)、李增泉、余谦和王晓坤(2005)的研究。这一思路代表着并购研究向纵深发展。至今,围绕"为什么并购"、"并购价值影响因素"所展开的研究仍代表着并购研究的方向。而且,借助制度经济学的分析框架,学者们还把制度因素逐步引入到影响并购价值创造的分析中来,如政府干预与并购可预测性的研究(方军雄,2008),政府掠夺之手和扶持之手与并购收益的研究(潘红波等,2008)。

基本上,国内关于并购的研究走过了一条研究问题由浅及深、由点到面,研究的广延和纵深并重,研究的理论依托逐步厚实,研究视角多样化的变化轨迹。

(三)国内并购收益的实证研究①

1. 并购收益早期研究:会计研究方法②

并购收益的实证研究大多是基于并购重组类型展开研究,例如将并购重组划分为资产剥离、股权出售、资产置换等类型③。原红旗和吴星宇(1998)较早运用财务指标法,以 1997 年重组公司为样本,研究发现重组当年样本公司的每股收益、净资产收益率等指标较前一年有所上升,而资产负债率则有所下降。王跃堂(1999)从关联方关系的角度出发对资产重组进行分类,发现关联方资产重组较非关联方资产重组有更为明显的操纵财务报告业绩的倾向,关联方资产重组采用资产置换的比例远高于非关联方,但其绩效并未好于非关联方。冯根福和吴林江(2001)选取主营业务收入/总资产、净利润/总资产等四个指标来评估公司绩效,发现并购绩效在整体上有一个先升后降的过程。朱宝宪和王怡凯(1998)以并购前 2 年和并购后 3 年的数据为基础分析了并购的绩效,还讨论了国有企业与民营企业作为收购方的并购效应,以及并购的有偿转让与无偿划拨方式的不同结果。李心丹等(2003)利

---

① 并购收益是并购价值和股东财富的直接体现,从实证研究的角度来看,它们使用相同的代理变量,所以把有关并购收益、并购价值和股东财富效应的研究文献归类一起进行综述。

② 国内并购收益的研究方法大致上表现出早期以会计研究方法为主,逐渐过渡到近期以市场研究法为主,同时兼用会计研究法的趋势和特征。所以,本章按照研究方法将国内并购收益研究划分为早期研究和近期研究两个阶段。

③ 并购重组的分类方法表明并购受到上市公司保壳保配、国企产权改革的影响。

用数据包络分析方法(DEA)计算出公司并购前后的绩效稳定性指标,研究发现并购活动总体上提升了上市公司的经营管理效率,同时并购后的几年内继续保持着绩效稳步提高的趋势;资产置换和资产剥离方式的并购效率并不高,不同的股权结构类型对并购的效率有显著的影响;国有股权的集中对企业并购绩效产生负面影响,法人股占比最大的类型在并购后的绩效提高较快。

从这些研究可以发现,第一,并购绩效的研究结论是不一致的。第二,未进行匹配分析,研究方法上存在缺陷。这些文献基本的研究方法和研究设计多为使用并购样本并购前后2—3年会计收益率进行比较研究,虽按并购类型进行了分组分析,如是否出售壳资源、是否购买壳资源、是否无偿划拨、是否上下游整合、国企还是民企进行的并购,但均未进行匹配研究,无法消除行业因素、企业规模等对财务指标带来的噪音。第三,从分析方法来看,还未用到真正意义上的统计检验和回归分析,仅是会计收益率的简单平均计算和数据罗列。第四,未区别分析并购中收购方公司和目标公司的并购绩效,关于上市公司并购绩效的结论笼统而且含混不清。第五,这类研究无一例外地将兼并与收购、资产剥离、资产置换与控股权的转让混在一起①,进行整体的分析与评估,忽略了各类并购的差别,例如将买壳动机引致的并购掺杂其中,使结论过于笼统。第六,实证分析缺乏学术严谨性。没有进行回归分析,仅是财务指标的简单计算和描述;缺乏理论分析,没有说明我国上市公司并购重组创造或破坏价值的理论依据;样本代表性不强,样本太小,往往不到200个并购重组事件,样本覆盖的年份也比较短,往往只有1—3年,样本不足导致很难对分析结果作统计显著性检验,使结论难以推广引申。第七,在研究方法上局限于会计研究法,除了陈信元和张田余(1999)使用了市场研究法外,其余文献未能运用更为严谨的事件研究

---

① 广义的并购包括兼并收购、股权转让、资产剥离、资产置换等一系列重组行为,而狭义的并购仅指兼并收购一类。

法来考察上市公司并购重组前后的二级市场表现。

2. 并购收益近期研究:市场研究法与会计研究法并重①

在会计研究法方面,李善民和陈玉罡(2002)对1999—2000年深沪两市349起并购事件进行了研究,结果表明并购能够给收购公司的股东带来显著的财富增加,而对目标公司股东财富影响不显著。李善民等(2004)发现并购能给收购公司的股东带来显著的财富增加,而对目标公司股东财富的影响不显著;不同类型的并购有不同的财富效应;国家股比重最大和法人股比重最大的收购公司其股东能获得显著的财富增加,而股权种类结构对目标公司股东财富的影响不显著。李善民等(2004)对收购公司和目标公司绩效改善的配对组合特征进行了探索性研究,实证研究表明收购公司绩效逐年下降,目标公司绩效则有所上升,整体而言上市公司并购绩效显著下降,收购公司和目标公司绩效改善的配对组合方式呈现明显的"强—弱"搭配特征;收购公司绩效改善可能主要来源于分享目标公司所享有的优惠政策,而目标公司绩效改善则可能来源于管理能力的提高、市场势力的增强和经营协同等方面。李善民和李珩(2003)、李善民等(2004)采用主成分分析法,对公司重组前后的绩效分别进行评估,并对年度间绩效变化进行Wilcoxon检验,然后对上市公司长期绩效变化特征进行对比分析,结果发现,除了收缩类公司的绩效在重组两年后发生了显著改善之外,其他类型的资产重组并没有使得上市公司绩效发生显著变化。周晓苏和唐雪松(2006)利用1997—2001年发生控制权转移的企业为样本,运用因子分析方法,研究了控制权转移与企业业绩之间的关系,发现控制权转移虽然能短暂地提升业绩,但并不能长久提升,而且,业绩短暂提升是通过业绩增长实现的,而企业盈利能力始终没有提升。

在市场研究法方面,张新(2003)对1993—2002年中国上市公司的并购重组事件进行了实证分析,发现并购对收购公司股东收益和财

---

① 并购绩效研究方法的改变也体现了学术界对并购研究认识的提高。

务绩效产生了一定的负面影响,对目标公司和收购公司的综合影响有正向趋势。

此外,王海(2007)对联想并购 IBM PC 业务进行了案例分析,利用资本市场的数据实证检验联想并购和整合的经济后果,对比分析联想并购前后财务指标变动趋势及市场份额变动趋势,研究了中国企业海外并购的经济后果。

从研究结论来看,在认为目标方公司能获得正的并购收益这一点上,已有的文献基本达成一致,但收购方公司是否获得并购收益,结论是不一致的。所以,国内并购绩效的研究一样发现了所谓的收购方公司"并购绩效悖论"。从研究方法来看,较注重对收购方公司和目标公司的并购绩效进行分别研究;会计研究法和市场研究法并重,除了大样本的实证检验,案例分析也得到运用。但是,在使用会计研究法进行并购前后业绩的对比研究时,仍未进行样本匹配分析,无法消除行业、企业规模带来的影响。

(四)并购收益的影响因素:并购研究的纵深发展

1. 文献回顾

一是从我国的制度环境研究并购价值。张新(2003)提出了"体制因素下的价值转移与再分配"和"并购重组交易的决策机制"理论,认为在我国股市有些并购本身不应该发生,或发生后并不应该创造价值,但是由于法律、监管和政府等相关的体制因素,会导致以转移其他利益相关方的利益为代价,给并购交易的某方或双方带来增值,也就是说利益在并购公司股东和其他利益相关方之间再分配。陈信元等(2003)认为许多上市公司采取了"机会主义资产重组"来应对资本市场监管。在我国的制度因素中,地方政府干预是最引人关注的一个。有数篇文献研究了政府干预与并购价值的关系。李增泉等(2005)认为我国资本市场监管的规定影响并购绩效,基于掏空与支持理论,当公司具有配股或避亏动机时进行的并购活动能够在短期内显著提升公司的会计业绩,而无保资格之忧时进行的并购活动目的在于掏空资产,会损害公司的价值,上市公司对非上市公司的购并行为是地方政府和控股股东支持或掏空上市公司的一种手段。潘红波等(2008)基于政府掠夺之手理论和扶持之手理论的研究表明,地方政府干预对盈利样本公司的并购绩效有负面影响,而对亏损样本公司的并购绩效有正面影响。李善民和朱滔(2006)认为政府关联对并购绩效影响显著,政府关联与管理能力之间存在替代关系,与公司资源之间存在互补关系,管理能力与公司资源之间存在互补关系。

二是从战略管理、组织行为学和并购后整合领域的相关理论进行的分析。周小春和李善民(2008)对通过调查研究获取的数据使用结构方程模型进行了路径分析,发现员工抵制程度、资源整合程度、支付方式和收购比例是影响并购价值的主要因素。采取案例分析的方法,颜士梅和王重鸣(2006)从人力资源整合的角度、于开乐和王铁民(2008)从企业基于并购的开放式创新角度进行了分析。

三是依托行为金融理论进行的分析。吴超鹏、吴世农和郑方镳(2008)认为管理者的过度自信和学习能力影响并购价值,并购价值为正或为负取决于过度自信效应和学习效应的消长关系。靳云汇和贾昌杰(2003)研究了惯性对于企业并购战略的影响,企业会趋于重复以前实施过的并购类型,而不管环境是否发生改变,由此产生的并购风险影响到并购价值。

四是从证券市场上资产定价角度进行的分析。赖步连、杨继东和周业安(2006)认为投资者的股市反应引致股价波动对并购绩效产生影响。

五是从产业周期解释并购价值。刘笑萍、黄晓筱和郭红玉(2009)发现并购双方并购绩效与它们的产业周期有关。

六是从委托代理理论解释并购收益。王培林、靳云汇和贾昌杰(2007)发现并购是管理者对自由现金流进行无效投资的结果,是对企业价值的破坏。韩立岩和陈庆勇(2007)认为并购绩效之所以低下,是因为并购沦为控股股东掠夺控制权私利的手段。刘峰和魏明海

（2001）提出公司控制权市场压力能在相当程度上迫使在位经理人员为公司的效益努力，降低公司被并购的可能性，从而在一定程度上缓解代理成本问题。

七是基于市场势力理论给出解释。廖理、曾亚敏和张俊生（2009）发现并购公告期目标公司的竞争对手股价市场反应为负，并购公告在目标行业传递了行业竞争压力即将加剧的信号，这表明并购成功实施后，目标方的盈利能力、经营效率、流动性以及偿债能力都逐渐超过竞争对手，这些是并购价值的来源。

八是基于博弈论的分析。张宗新和季雷（2003）认为并购价值来源于公司利益相关者之间的博弈。

除了并购的价值之外，关注什么样的公司会成为收购方、什么样的公司会成为并购的目标，无疑具有很强的现实指导意义，不少文献研究了并购的可预测性问题，这一类研究在方法上基本上采用逻辑斯特（Logistic）回归。孙永祥和黄祖辉（1999）在研究股权与企业绩效时，发现股权分散的公司比股权集中的公司更易发生并购。赵勇和朱武祥（2000）较早地进行了并购可预测性的研究，他们发现第一大股东持股比例、市值与账面价值比例、每股净资产、总股本对并购的发生有较强的解释能力。但他们的研究没有区别目标公司和收购方公司的可预测性，毫无疑问，收购方公司和目标公司具有不同的公司特征。陈玉罡和李善民（2007）基于交易成本的视角，对并购中收购方公司的可预测性进行了研究，采用因子分析法和 Logistic 回归建立了收购方公司的预测模型，发现资产专用性越强，显性交易成本越高，公司发生并购的可能性越大；中间产品市场的不确定性越高，显性交易成本越高，公司发生并购的可能性越大；公司的成长能力越强，成长能力与盈利能力之间的不平衡程度越高，隐性交易成本越高，公司发生并购的可能性越大。除了利用公司特征预测并购发生的概率这一研究视角之外，韩立岩、熊菲和蔡红艳（2003）以行业市盈率作为基本工具，分析了并购重组的规模与行业的关系，发生并购重组的上市公司数量越多，行业市盈率处于中高水平的概率就越大。李善民和周小春（2007）考察了相关并购公司以及无关多元化并购公司并购前的公司特征和行业特征。李善民和曾昭灶（2003）进行了控制权转移的背景与控制权转移公司的特征研究，研究发现我国目标公司的特征主要表现为管理层的效率低下、财务资源有限、资产规模相对较小、股权较分散、股权流动性较高、市净率较高。这些研究均是从企业特征来预测发生并购的可能性，而方军雄（2008）则从企业的制度环境来分析并购的可能性，地方政府直接控制的企业更易实施本地并购、更多的实施无关的多元化并购，中央政府控制的企业则可以突破地方政府设置的障碍，实现跨地区并购。

此外，一些文献讨论了并购中的财务与会计问题。陈信元和原红旗（1998）较早对上市公司资产重组的财务会计问题进行了讨论，如会计核算、账务处理问题、并购信息的披露、并购损益的确认计量记录等。张婷和余玉苗（2008）基于企业资源基础理论和交易费用讨论了合并商誉的本质及会计处理。何燎原和王平心（2005）讨论了控制权转移过程中的盈余管理。

2. 简要评论

并购收益影响因素研究在实证研究方法、样本选择和理论基础方面都更为严谨。第一，实证研究程序更加规范，使用的具体研究方法更多。除了大样本档案研究之外，案例研究、调查研究都得到了运用，统计检验与回归分析并举的同时，结构方程模型等方法也被运用到并购的研究中来。市场研究法和会计研究法同时用于短期绩效和长期绩效的检验中。第二，样本选择更为细致。例如，为排除买壳上市动机的影响，有的文献将样本限定为上市公司收购兼并非上市公司；为避免其他信息对股价的市场反应产生噪音，剔除了发生分红、配股的样本等。基本上未再将资产置换、资产剥离和股权收购混为一谈加以研究。第三，研究立论的理论基础较为坚实，而且理论的广延性特征明显，理论分析也较早期严谨充分。

（五）进一步的思考

我国并购研究视野开阔，研究文献颇丰。但是，不同视角下的研究仍各自比较分散，未形成体系。同时，作为转型经济国家，制度因素对并购的影响尚未得到充分的讨论和研究，仍局限于从满足控股控东的自利性目的或资本市场监督的要求的角度展开研究，如研究政府干预、保配、保壳等动机对并购的影响。

一方面，随着我国资本市场的发展，企业间的并购活动日益活跃；另一方面，对投资者的保护制度逐步建立和健全。局限于从自利动机的立场看待并购活动，这一研究思路无疑无法对日益活跃的并购活动给出具有说服力的解释，因为自利性并购无法带来并购收益和企业价值的增加。显然，我们对国内并购活动及其收益的影响因素的研究遗漏了重要的变量。

资本市场的重要制度变量是对投资者的保护。对投资者的保护是否推动了并购活动的发展，并带来并购的收益呢？本书后续部分基于交易成本经济学、产权理论与公司边界的分析，提出交易成本经济学、产权理论关于公司边界分析的局限性；分析我国上市公司制度环境和上市公司并购活动特征；由此引申出并购研究的投资者保护视角。在此基础上，系统地就并购双方所在地的地区投资者保护程度、我国投资者保护的动态变迁、实际控制人现金流权与控制权的分离对我国上市公司并购活动的地域选择、关联及非关联并购中收购方的并购收益的影响展开理论和实证分析，从而构建一个从投资者保护视角展开的、"并购活动活跃程度—并购地域选择—并购收益"较为完整的、静态和动态视角相结合、公司外部视角和公司内部视角相结合、研究中国上市公司并购问题的分析框架。

第二章 投资者保护与并购
收益理论分析

公司并购是重新划定(redraw)企业边界的机制(罗迪斯克洛夫和罗宾森,2008)(Rhodes-kropf, Robinson)。新制度经济学中的交易成本经济学和产权理论有助于理解企业边界问题(科斯,1960)(Coase),并对并购收益的研究大有裨益。所以,本章将在归纳交易成本经济学和产权理论对企业边界问题的研究的基础上,指出已有研究中忽略的影响企业边界的因素——制度环境;在分析我国资本市场制度环境的基础上,归纳出我国资本市场制度环境中最重要的变量是投资者保护;在此基础上建立一个投资者保护与公司边界、并购收益的综合性理论框架,为后续的实证研究提供较为坚实的理论支撑。

第一节 交易成本经济学、产权理论
与企业边界

一、交易成本经济学与公司边界

在《企业的性质》(Coase,2007)一文中,科斯提出了这样的质疑:如果价格机制可以有效配置资源,为什么还有企业的存在? 古典经济学关于市场无摩擦的假设是否成立? 他认为,当放松市场完备的前提假设后,实际上市场交易存在交易费用,为节约交易费用,企业诞生了。也就是说,企业是节约市场交易费用的一种制度安排,是作为价格机制的一种替代的资源配置手段,在企业内依靠企业家权威进行资源的配置。当市场交易费用高时,企业将使市场交易内部化。但是,企业的运行产生组织成本,当组织运行成本和节约的市场交易费用相等时,企业的规模(边界)达到最大。

交易成本经济学的基本原理是,企业将促成交易成本的节约。交易成本就其本身而言,相当于物理学中的"摩擦"这一定义。事先的交易成本包括起草、谈判和维护一项协议的成本。事后的交易成本则包括:第一,当交易偏离了所要求的标准而引起的不适应成本;第二,为了纠正事后的偏离标准而作出的双边的努力,由此而引起的争论不休的成本;第三,伴随建立和运作管理机构而带来的成本;第四,使安全保证生效的抵押成本。

威廉姆森(Williamson)(1985)认为交易成本的存在取决于三个因素:受到限制的理性思考、机会主义以及资产专用性。机会主义描述了"狡诈地追求利润的利己主义"和信息的不完整或受到歪曲的透露,尤其是指在造成信息方面的误导、歪曲、掩盖、搅乱或混淆的蓄意行为,这是造成信息不对称的实际条件或人为条件的原因,这种情况使得经济组织的问题大为复杂化。资产专用性是指耐用人力资产或实物资产在何种程度上被锁定而投入特定交易关系,因而也就是在何种程度上他们在可供选择的经济活动中所具有的价值,资产专用性反映了在多大程度上一种资产可以用于其他用途或由其他使用者使用而不牺牲其生产价值。资产专用性程度高意味着双边垄断的高水平。按照威廉姆森的见解,如果有限理性、机会主义和资产专用性这三个因素不是同时出现的话,交易成本就不会存在。如果存在完整的理性思考,在一开始就有可能无需耗费地签订极为详尽的合同,签订长期合同也是可能的。在不存在机会主义的情况下,任何由于受到限制的理性思考而在合同中造成的疏忽欠妥之处,不会引起对方在执行中钻空子的危险,因为双方都不想从对方捞取便宜,因而签订短期而连续的合同是可能的。当资产专用性不存在时,将没有必要具有连续不断的经济关系,因而市场将是充分竞争性的。威廉姆森(1975、1985)认为,为应对有限理性和机会主义行为,企业应当实行一体化。一体化程度将主要取决于资产专用性、交易频率与不确定性。具体来说,诸如迅速的技术变革等不确定性经常会导致更多的交易内部化;重复的市场契约成本经常高于内部官僚化成本,这个因素更会内部化交易频率较大的交易。资产专用性是公司一体化程度的最重要决定因素,如果一项有可占用准租金的资产强烈依赖于其他专用性资产,为避免机会主义者掠夺可占用准租金,纵向一体化和契约都是可行的解决方法。但是,现实中契约界定所有重要质量因素的成本随着资产类型的不同而不断变化,那么这两项资产归属于某一方所有是最优的,即实现资产一体化。机会主义行为可能会阻碍契约的实现(或绩效),从而迫使一方当事人进行纵向一体化。资产专用性是产生败德的原因,使用专用资产为的是降低生产成本,但要避免由此产生的机会主义行为,就要使生产组织在不干预市场行为的条件下实行纵向一体化。研究机会主义问题的文献则认为机会主义是依靠市场协议(来组织生产)所造成的一种成本。如果某些环境更容易产生机会主义行为,企业也就更倾向于实行(生产的)纵向一体化(克莱因等,1978)(Klein)。因此,企业取代市场交易就被看作解决机会主义行为的手段(德姆塞茨,1999)(Demsetz)。

阿尔奇安(Alchian)和德姆塞茨(2003)也曾指出,投机取巧或许被当作对就业协议所采取的一种机会主义行为,它是利用团队这种组织形式的一个障碍。企业作为团队的一种重要形式,其扩展范围受到规模越大、投机问题越难以解决的限制。一家规模既定的企业要成为能够生存并发展的组织形式,必要条件在于,其生产率的增长必须超过同时引起的投机成本的增长。一旦团队扩张中的投机问题越来越严重,就会更多地通过市场而不是靠建立企业来组织生产。对于实行纵向一体化的企业来说,这种形势就使得生产活动开始纵向分立。

基于交易成本经济学对企业边界的研究来看,为节约交易成本,企业将市场交易内部化,企业边界得以扩张,但企业组织运行成本(其中包括机会主义行为导致的组织运行成本)、资产专用性(由此产生的可占用准租金可能导致机会主义行为)、交易频率和不确定性影响企业边界的扩张。

二、产权理论与公司边界

在《社会成本问题》(1960)中,科斯对产权进行了开创性的研究,尽管他的本意是讨论外部性。如果交易成本为零,产权的分配并不影响交易的结果,当交易成本大于零时,产权的分配影响资源配置的后果。企业体现不同的权力关系的方式,就是了解资源配置的关键所在。

一旦产权(在前一观点中)或事先的刺激调整系统(在后一观点中)得到明确说明,有效的资源分配将作为结果而产生。然而,威廉姆森(1985)指出了一个显而易见的问题,即考虑到普遍的信息的不确定性和错综复杂性,经由产权或特别设计的系统而建立的事先调整,通常是行不通的。相反,必须把重点转移到由特定机构引导的谈判中去。产权的主要功能在于引导各种激励(机制),使外部性在更大程度上得以内部化,印第安人的毛皮交易推动狩猎产权的界定就是一个典型的例子(德姆塞茨,1999)。

产权方法与交易成本方法之间的重要差别在于:前者需要一种对个人诱因的分析,而后者则把个人置于一个更广阔的机构框架中,它容许把公司作为一个组织起来的实体而加以分析。格罗斯曼(Grossman)和哈特(Hart)(1986)采用剩余控制权推导出所有权结构的差异会导致双方事前投资的激励扭曲,通过比较不同情况下投资激励的扭曲程度来计算一体化的成本和收益,解释了公司选择一体化或非一体化的原因。按照格罗斯曼和哈特(1986)、哈特和莫尔(Moore)(1990)的观点,剩余控制权授予了股东战略性决策的投票权,如任命和解雇经理,决定经理报酬、重大投资、并购和拍卖等。格罗斯曼和哈特(1986)指出,公司间的非一体化或一体化,实质就是剩余控制权的归属问题。当一个公司的投资决策相对其他公司的投资决策更为重要时,一体化是最优的;当双方的投资决策都重要时,非一体化是可取的。

基于产权对企业边界的研究来看,一方面,为获取剩余控制权,企业可通过并购实现企业边界的扩张；另一方面，并购决策也是剩余控制权具体运用的表现。当权力面对的激励发生改变时，作为权力运用的产物——并购决策，可能会产生不同的后果，带来不同的收益。

三、交易成本经济学、产权理论关于企业边界分析存在的缺陷

第一，交易成本经济学的分析方法存在静态分析的局限性，即它必须建立在其余情况相同这种假设的基础上。企业的主要目的是节约交易成本并且对此具有主要影响（威廉姆森，1985）。所以，它忽略了动态环境的影响，其中最重要的是制度环境。

制度约束通过改变一体化的相对成本来影响组织交易的决策。制度环境包括非正式制度（如意识形态、文化、传统和习惯）和正式制度（如一国的政治、行政和法律框架）。制度不仅影响企业边界扩张的相对绩效，而且影响可供选择的方案的可行性。一个企业扩张的方案只有在有关的制度环境表现出适合于此方案的特征和能力时才是可行的。一个给定的企业边界调整的可行性和可信性，在差别巨大的制度环境下是不同的（科斯，诺斯，威廉姆森，2003）（North）。

温加斯特（Weingast）（1995）对欧洲电信行业自由化的比较分析对此提供了证明。欧洲针对电力行业的 96/92 号法令（从 1999 年 2 月开始实施），以及由此引发欧盟 15 个成员国的改革并未给电力行业带来一个以竞争为基础的单一模式。其中，英国和德国的改革后果呈现明显背离最引人关注。英国的新电力系统自 1990 年 4 月运营以来，没有一个欧盟国家完全采取这种分散化的以竞争为基础的模式。其最主要的原因在于欧盟国家成员国间存在一些客观因素使竞争为基础的改革各不相同。这意味着，制度环境对一体化产生重大影响。

对欧美国家零担货运业一体化进行的比较研究发现，在西班牙，货车和公司司机的纵向一体化并未增加，尽管技术变化有助于一体化，例如，信息技术的进步使得监督司机行为更容易，及时配送系统则加剧了

时间专用性问题。相反,在美国,纵向一体化的程度则有所提高。这种差别是由于制度环境的差别产生的。首先,对雇佣关系的制度限制程度在西班牙最高而在美国最小。其次,由于西班牙的税收法令直接和间接地提供了很多自我雇佣的和小的企业所能享有的而大企业不能享有的优惠,但这些优惠在美国很有限。最后,制度环境也可以解释欧洲国家间的差别,劳动关系受到的限制越少的国家纵向一体化程度越高(阿尔奇安和德姆塞茨,2003)。这一研究进一步表明,制度环境对于企业边界的确定扮演了重要角色。

第二,产权理论的分析方法忽视了对产权集中的成本的分析,进而忽略了产权集中对并购收益的影响(桑德桑楠等,1996)。产权理论未充分注意到控制权集中引起成本的来源与性质。公司决策权力的集中将会产生某些内在成本,例如,公司组织内部个人试图影响公司决策获得私人利益;公司管理者利用自己的信息优势,降低工作努力程度,通过损害股东的利益来寻求自身效用最大化。詹森和梅克林(Meckling)(1976)对权力集中和企业效率作出重要的研究。伊德林(Edlin)和斯蒂格利茨(Stiglitz)(1995)、拉詹(Rajan)等(2000)为公司组织内部管理层的自利行为影响并购收益提供了实证支持。斯查福斯特恩(Scharfstein)和斯特恩(Stein)(2000)、马克西莫维克(Maksimovic)和菲利浦斯(Phillips)(2002)对企业集团官僚组织的运行成本进行分析后,认为公司决策权影响企业集团的运行效率。内部产权理论只是把公司一体化视做目标公司控制权转移给收购公司的所有者或经理层,忽略了一体化过程中,权力的转移由此产生的成本影响到企业边界调整和并购的收益。

因此,为了更好地理解企业边界与公司并购收益,必须将制度环境、权力集中的后果、制度环境对权力后果的影响整合起来,构建出一个关于并购收益研究的综合性的分析思路。

第二节 我国上市公司的制度环境
与并购活动特征

一、地区制度环境

世界银行(2007)对中国 120 个城市共 12400 家公司的调查表明，各地区的制度环境和市场环境差异显著。

第一，各地区政府效率差异显著。虽然法律法规在全国范围内具有一致性，但是企业需要和政府机构打交道的时间却不相同。调查显示四家主要政府机构(税务局、公安局、环保局、劳动和社会保障局)对企业的干预时间地区差别很大。在被调查的排名最前 10% 的城市里，被调查企业反馈平均每年与政府打交道的时间少于 36 天。而在排名最后 10% 的城市，被调查企业平均每年要用 87 天以上的时间与政府打交道。企业在旅行和娱乐上的花费反映政府的效率，就地区来说，旅行和娱乐上的花费在环渤海和东南地区的城市里最低，而在东北最高。企业在娱乐和旅行上的支出有可能成为腐败的工具，在排名最前 10% 的城市，企业在这方面的支出仅占收入的 0.7%，而排名最后 10% 的城市相应为 1.9%。

第二，在企业获得银行贷款的程度方面，国有企业、外资企业往往更容易获得银行贷款，内资私营企业在银行贷款方面仍然困难重重。东南地区的中小企业很可能发现从现金流和其他渠道(例如贸易信用、融资租赁、产权投资)融资更为便捷。在所有被调查的企业中，在被问到是否需要给银行职员非正规的费用以便得到贷款时，有 5%—10% 的企业承认有此种需要。

第三，市场潜力和投资活动在中国各地区差别很大。例如，中国东南地区人均 GDP 比东北地区平均高 50%，是中国中部和西南地区平均水平的 1.5 倍。2008—2011 年，东、中、西、东北部外商直接投资占全国比重分别为 57.2%、16%、13.7%、13.1%。与这一趋势一致，2011年，东南地区"三资"企业工业总产值占到该地区工业总产值的 31%，东北地区为14%,中部地区为11%,西北地区仅为5%。这一差异凸显了投资环境对于中国经济发展的重要性。①

第四,对合同权利和财产受到保护的信心方面,环渤海和东南地区的企业信心最充足,而西北地区的企业则最没有信心。"法律保护主义"行为比较普遍,本地法庭不愿接受外省企业提起的商业诉讼;在法律诉讼中法庭有偏向本地企业的倾向;法庭对于外省企业提出的针对本地企业的执行请求并不积极;在政府采购中对本地公司有所偏爱,本地政府不愿保护外省企业的知识产权。

第五,在市场竞争者方面,由于无法依赖于宽松的预算限制或有保障的销售,私营企业有更强的动力进行创新,并且对市场信号的变化更为敏感。他们的投资回报率明显较高。私营企业之间在同一平台上的竞争非常激烈,资源通常会流向生产率最高的生产者。国有企业虽然效率较低但仍能够生存,这是因为他们在融资和救济方面占有优势,并因此占有资源而且扰乱了企业间的竞争秩序。

总体上,中国各地区的制度环境按从好到差的顺序排列为:东南地区(江苏、上海、浙江、福建和广东)、环渤海地区(山东、北京、天津和河北)、中部地区(安徽、河南、湖北、湖南和江西)、东北地区(黑龙江、吉林、辽宁)、西南地区(云南、贵州、广西、四川、重庆和海南)、西北地区(山西、陕西、内蒙古、宁夏、青海、甘肃和新疆)。

二、资本市场的制度环境

资本市场制度环境建设的落脚点在于保护投资者的权益。基于此,我国资本市场制度环境以下几方面是值得关注的:

(一)资本市场法规体系初步形成发展到资本市场法律法规体系逐渐完善

中国证监会成立后,推动了一系列证券期货市场法规规章的建立,1993年4月颁布的《股票发行与交易管理暂行条例》,对股票发行、交易

---

① 根据各省区市《国民经济和社会发展公报》、《中国统计年鉴》相关数据计算。

及上市公司收购等活动予以规范;1993 年 6 月颁布的《公开发行股票公司信息披露实行细则》,规定了上市公司信息披露的内容和标准。1993年 8 月发布的《禁止证券欺诈行为暂行办法》和 1996 年 10 月颁布的《关于严禁操纵证券市场行为的通知》,对禁止的交易行为做了规定。1994年 7 月实施的《公司法》对公司设立条件、组织机构、股份的发行和转让、破产程序及法律责任做了规定,规范了有限责任公司和股份有限公司法人治理结构,为股份制企业和资本市场的发展奠定了制度性基础。此外,监管机构还出台了一系列规范证券公司业务的管理办法,包括《证券经营机构股票承销业务管理办法》和《证券经营机构证券自营业务管理办法》,对证券公司业务开展起到引导和规范作用。《证券法》于 1998 年12 月颁布并于 1999 年 7 月实施,以法律形式确认了资本市场的地位。《证券法》是中国第一部调整证券发行与交易行为的法律。

一系列相关的法律法规和规章制度出台,资本市场得到了较为快速的发展,但与此同时,体制和机制缺陷带来的问题也在逐步积累,迫切需要进一步规范。

为了适应经济和金融体制改革不断深化及资本市场发展变化的需要,2003 年起,全国人大着手对《证券法》、《公司法》进行修订。2006年,修订后的《证券法》和《公司法》同时实施。随后,有关部门对相关法规、规章和规范性文件进行了梳理和修订。标志着资本市场走向更高程度的规范发展,也对资本市场的法规体系建设产生了深远的影响。

(二)股权分置到股权分置改革基本完成

股权分置是指 A 股市场上市公司的股份被分为两类性质:一类是社会公众购买的公开发行股票,可以在证券交易所挂牌交易,称为可流通股;另一类是上市公司公开发行前股东所持股份(其中绝大多数为国有股),只能通过协议方式转让,称为非流通股。① 非流通股的形成

---

① 中国证券监督管理委员会:《中国资本市场发展报告》,中国金融出版社 2008年版,第 24 页。

与早期的股份制改造具有试验性质及当时国有股缺乏上市流通的内在需求等历史背景有关。1992年5月原国家体改委发布的《股份有限公司规范意见》规定："国家股、外资股的转让需按国家有关规定进行";1993年4月国务院发布的《股票发行与交易管理暂行条例》规定："国家拥有的股份的转让必须经国家有关部门批准,具体办法另行规定。"但是,在实际运行中一直没有出台国有股流通的"有关规定"和"具体办法",国有股事实上处于暂不上市流通的状态,其他公开发行前的社会法人股、自然人股等非国有股份也做了暂不流通安排。公司在上市时,在其《招股说明书》或者《上市公告书》中承诺:"根据法律、法规的规定和中国证监会的核准股票发行通知,本公司公开发行前股东所持股份(国家股、法人股、外资股、自然人股等)暂不上市流通。"同时,公司上市后通过配股、送股等派生的股份,仍然根据其原始股份是否可流通划分为非流通股和流通股。据此,形成了股权分置的格局。股权分置成为上市公司和资本市场诸多问题的根源,如同股不同权、大小投资者缺乏共同的利益基础、上市公司无法形成共同的治理基础等。

为了积极推进资本市场改革开放和稳定发展,国务院于2004年1月发布了《关于推进资本市场改革开放和稳定发展的若干意见》。此后,中国资本市场进行了一系列的改革,完善各项基础性制度,主要包括股权分置改革、提高上市公司质量、对证券公司综合治理、大力发展机构投资者、改革发行制度等。

截至2007年年底,1298家上市公司完成或已进入股权分置改革程序,占应改革公司的98%,未完成改革的上市公司仅33家,股权分置改革在两年时间里基本完成。股权分置改革的完成重新构建了我国资本市场的基础制度和运行机制,具有重大意义。

(三)以融资功能为主,逐步转向融资、资源配置和价格发现三大功能共同发展

我国的资本市场从发展之初就被纳入了行政化的轨道,国有资本控制资本市场,并且在观念上把资本市场的基本功能定位于"为国企筹资"。政府通过行政机制和行政手段,对股票发行、上市和流通进行全程的行政干预,在相当程度上扭曲了资本市场定价机制和资源配置机制。与此同时,政府继续推进大型国有企业集团重组境外上市,1999年以来,国内大型企业境外上市融资额逐年上升,2006年高达3136.7亿元。H股、红筹股成为香港地区资本市场的重要组成部分。① 资源配置功能和定价功能未得到充分运用。

股票发行制度的改革和股权分置改革使资本市场的定价功能和资本配置功能得到发展。

在股票发行制度改革方面,发行定价由核准制变革为询价制。在资本市场创建初期,各方对资本市场规则、市场参与者的权利和义务认识不全面,监管机构采取了额度指标管理的审批制度,将额度指标下达至省级政府或行业主管部门,由其在指标限度内推荐企业,再由中国证监会审批企业发行股票。随着机构投资者定价能力不断增强,中国证监会于2004年底出台了《关于首次公开发行股票试行询价制度若干问题的通知》,对股票发行价格取消核准,实行询价制。询价制度的实施,强化了市场对发行人的约束。2006年9月发布的《证券发行与承销管理办法》进一步重点规范了首次公开发行股票的询价、定价以及股票配售等环节,完善了询价制度,加强了对发行人、证券公司、证券服务机构和投资者参与证券发行行为的监管。发行定价机制逐步市场化。2004年2月,《证券发行上市保荐制度暂行办法》实施,发行上市主承销商推荐制度(实行通道限制)正式过渡到保荐制度。同时,建立了保荐机构和保荐代表人问责机制。2004年末,《股票发行审核委员会暂行办法》实施,发行审核制度透明化。2006年,《上市公司证券发行管理办法》、《首次公开发行股票并上市管理办法》、《证券发行与承销管理办法》及相应配套规则先后推出,形成了全流通模式下的新股

---

① 中国证券监督管理委员会:《中国资本市场发展报告》,中国金融出版社2008年版,第33页。

发行体制,包括引入上市公司市价增发机制和配股发行失败机制;严格保荐责任,取消了辅导期限一年的强制要求;推进融资方式和工具创新,推出了可分离交易的可转换公司债券;实施新股询价、向战略投资者定向配售、境内境外市场同步发行上市、超额配售选择权试点、非公开发行和股本权证等制度安排。这一系列制度安排进一步强化了市场约束,提高了发行效率。证券发行的市场约束机制得到强化。

在股权分置改革方面,股权分置改革是中国资本市场完善市场基础制度和运行机制的重要变革。股权分置改革的顺利推进使国有股、法人股、流通股利益分置、价格分置的问题不复存在,各类股东享有相同的股份上市流通权和股价收益权,各类股票按统一市场机制定价,并成为各类股东共同的利益基础。因此,股权分置改革为中国资本市场优化资源配置功能的进一步发挥奠定了市场化基础。

(四)企业制度发生变革,法人治理结构得到建立和健全,会计信息披露制度初成体系

资本市场推动企业建立了公司治理机制,上市公司普遍建立了股东大会、董事会和监事会框架。同时,上市公司引入独立董事制度、股权激励机制。会计准则的制定和颁布,使信息披露制度逐步完善。

1999年后,上市公司监管从行政审批为主逐步向以强化信息披露为主过渡,财政部、中国证监会对上市公司信息披露进行了持续和较全面的规范,包括2001年《企业会计准则》、《企业会计制度》和2006年新的《企业会计准则》的出台。为了配合新的《公司法》、《证券法》对上市公司信息披露提出的更高要求,以及适应股权分置改革后新形势对上市公司监管的要求,2007年2月颁布的《上市公司信息披露管理办法》进一步完善了信息披露规则和监管流程,提高了上市公司信息披露质量及监管的有效性。

为进一步完善上市公司治理结构,促进上市公司规范运作,中国证监会于2001年8月发布《关于在上市公司建立独立董事制度的指导意见》。上市公司独立董事是指不在公司担任除董事外的其他职务,并与其所受聘的上市公司及其主要股东不存在可能妨碍其进行独立、客观判断的关系的董事。独立董事对上市公司及股东负有诚信与勤勉义务。

上市公司是资本市场发展的基石,但受体制、机制、环境等因素影响,相当一批上市公司法人治理结构不完善,动作不规范、质量不高,严重影响了投资者的信心,制约市场的健康稳定发展。2006年3月起,中国证监会开展了上市公司治理专项活动。《关于提高上市公司质量的意见》强调完善公司治理,提高上市公司经营管理和规范运作,包括完善法人治理结构,建立健全公司内部控制制度;着力解决影响上市公司质量的突出问题,包括规范募集资金的运用,严禁侵占上市公司资金,坚决遏制违规对外担保,规范关联交易行为,禁止编报虚假财务会计信息;规范上市公司控股股东或实际控制人的行为,加强对上市公司高级管理人员的监管。

总体上看,我国资本市场的制度环境具有如下特征:一是政府主导建立和改变制度环境。与一些成熟市场自我演进的发展模式不同,中国资本市场的发展是由政府与市场共同推动的,走了一条"政府自上而下推动"与"市场自我演进"相结合的市场改革道路。二是制度环境处于趋好的变革当中,最重要的表现是制度环境的变化增强了对投资者的保护。这一点在法律法规的变革、市场基础制度变革、上市公司制度变革方面均得到显著体现。1999年《证券法》的实施及2006年《证券法》和《公司法》的修订,使中国资本市场在法制化建设方面迈出了重要步伐;股权分置改革等一系列基础性制度建设使资本市场的运行更加符合市场化规律。中国资本市场的制度环境在2006年后出现了转折性的变化,对投资者的保护得到实质性的提升。市场化、规范化成为中国资本市场近年来改革和发展的主题。

但是,仍存在以下问题:市场机制不完善,市场运行效率不高,上市公司治理水平有待提高,投资者结构不合理,机构投资者规模偏小,发展不平衡,法律和诚信环境有待完善,监管效率和执法效率有待提高。

市场的基本特征仍然是"新兴加转轨",整体发展水平仍处于初级阶段。①

三、我国上市公司并购活动的特点

与我国资本市场的制度环境相适应,我国上市公司并购活动呈现以下特点,这些特点在时间上存在继起性:

第一,股权分置改革前,资本市场功能缺失扭曲并购动机,"保壳"、"保配"、"买壳"、二级市场炒作动机推动并购的发生,上市公司的并购活动带有一定程度的投机性。

我国资本市场发展存在的主要问题是定价功能、资本配置功能和融资功能未能相辅相成,融资功能被过度滥用,定价功能、资本配置功能存在缺失。在资本市场上,政府最基本的责任是维护市场的秩序,确保市场的公开、公平和公正。然而,我国的资本市场从发展之初就被纳入了行政化的轨道,国有资本控制资本市场,并且在观念上把资本市场的基本功能定位于"为国企筹资"。政府通过行政机制和行政手段,对股票发行、上市和流通进行全程的行政干预,在相当程度上扭曲了资本市场定价机制和资源配置机制。政府既是股市的监管者,又是上市公司的审批者,而股市中大多数上市公司都是国有企业,这无疑表明政府既为上市公司的最大股东,还是股市的参与者。我国资本市场开办之初,为维护政府对国有资本的控制,将上市公司的股权划分为流通股和非流通股,形成股权分置的格局。由于人为设置了不合理的股权结构,同股不同质、同股不同权、同股不同价,市场运行机制被扭曲,价格机制无法在股市正常发挥作用,影响了投资者对风险与预期收益的判断(许年行,2007)。

资本市场功能定位的错误,加上定价功能和资源配置功能的缺失,导致上市公司大小股东之间从根本上缺乏共同的利益基础,成为大小

---

① 中国证券监督管理委员会:《中国资本市场发展报告》,中国金融出版社 2008年版,第 79 页。

股东之间利益冲突的根源。控股股东的投资收益主要取决于公司净资产值的增加，例如，上市融资、增发配股再融资、资产转移和利益输送是迅速增加财富的捷径。李增泉等(2005)发现，上市公司对非上市公司的关联并购行为是地方政府和控股股东支持或掏空上市公司的一种手段，支持的目的是为了帮助上市公司满足监管部门对上市公司融资资格的管制要求，而当无保资格之忧时进行的并购活动目的在于掏空资产，会损害公司价值。

人为制造并购重组概念，在二级市场上进行内幕交易，并通过单独或联合操纵股价，获得二级市场的非法收益。这些投机性并购重组行为，偏离了整合产业、提升产业竞争力的目标，一定程度上造成股价波动较大，损害了流通股东的利益(吴晓求，2004)。

第二，党的十五大后，国企改革发展和国企扭亏的要求、战略性的重组和地方经济结构调整推动并购。一方面，国企产权改革通过并购重组方式将国有企业出售给民营资本，实现民营化；另一方面，通过并购重组国有资产的方式，做大做强国有企业，加强国有资本在关系国计民生的领域和行业的控制。国有资本的并购重组构成我国上市公司并购活动的重要组成部分。

第三，近几年来，并购行为日益活跃和市场化。企业并购开始由以往的"政治任务"逐步转为以企业为主体，企业战略发展需要推动企业实施并购。企业并购范围和规模日益扩大，2002年至今，无论是并购数量，还是并购金额都成倍的增长。并购操作方法日趋成熟。企业并购方式日趋多样化，在支付方式上，不仅仅限于现金支付，出现了定向增发、吸收合并、反向吸收合并，以及混合支付方式等；在收购方式上，出现了二级市场举牌的方式。在并购地域上，跨地区并购逐渐增多，投资银行等中介机构在这一时期开始介入企业并购，并对其起到了重要的作用。通过修订《上市公司收购管理办法》和信息披露准则，启动向特定对象发行股份认购资产的试点，推动上市公司做优做强，使市场化的上市公司并购重组和企业整体上市显著增加。2007年9月，中国证监会成立上市公司并购审核委员会,专门负责对上市公司并购重组申请事项进行审核。资本市场已经成为中国企业重组和产业整合的主要场所。

第四,历史地看,并购活动的市场环境趋好,推动并购活动向良性发展。一方面,规范并购活动的相关法律法规逐渐建立。2002 年《上市公司收购管理办法》颁布,一批涉及外资并购的规章出台,上市公司并购市场的活跃性得到了较大的释放。2006 年,新的《公司法》《证券法》开始实施,新的《企业会计准则》出台,新的《上市公司收购管理办法》等一系列法规相继出台和实施。2006 年 8 月,为规范外资对国内上市公司的并购行为,商务部颁布实施了《外国投资者对上市公司战略投资管理办法》和《关于外国投资者并购中国境内企业的规定》。这些新政策和新法规的颁布和实施,对我国企业并购特别是上市公司并购市场产生重大深远的影响。另一方面,上市公司股权分置改革基本完成。资本市场的定价功能和资本配置功能将全面恢复,由此为并购建立良好的平台。股份流通性增强,降低了股份转让和收购的操作难度,提高了资源的配置效率,价值创造型的并购将会增多;定价的市场化增加定价的透明度,市场价格来引导社会资金的流量、流向、流速和流程,从而完成资源优化和合理组合的配置过程。市场日渐理性,由此带来的变化是上市公司战略性并购与实质性重组增多。

基于上述分析,我国资本市场的制度环境(对投资者的保护)对企业边界扩张和并购问题研究(包括市场化的并购和投机性的并购)将产生何种影响,需要进行多方面的实证检验。

第三节　投资者保护、法与公司财务

一、投资者保护理论产生和发展的背景

投资者保护针对的是损害投资者利益的行为。在公司财务理论中,损害投资者利益的行为多指公司控股股东或内部人对外部投资者

利益的侵害行为,如价格转移、资产剥离、把可能不合格的家族成员安置在管理岗位上、控股股东对公司事务进行控制、以不公平价格与上市公司进行关联交易、为大股东或其他关联企业提供债务担保、在股票发行中进行虚假或误导性陈述、发行股票稀释中小股东持股比例以及限制中小股东的投票权等行为。

投资者保护研究源于公司治理中的委托代理问题,传统的公司治理理论与实践将重点放在公司所有者与经营者之间的委托代理关系上。詹森和梅克林(1976)指出,当外部中小投资者对公司进行投资时,他们与公司管理层产生了委托代理关系。对投资者的保护主要关注如何维护外部投资者的权益,解决投资者与管理层之间的代理关系。在詹森和梅克林(1976)的契约分析框架中,用剩余索取权来定义企业所有权和投资者权利。当股东和经理人员的利益出现冲突时,首先想到的是如何约束和激励经理人员的行为,使之符合股东利益最大化的要求,进而减少所有权和经营权分离的代理成本。这也是20世纪70年代末到90年代初投资者保护研究的出发点和目标。

20世纪90年代后,对股权结构的研究发现,控股股东的监督弱化了大股东与管理层之间的代理冲突。一般而言,控股股东由于期望得到控制权共享收益而能够比较有效地监督管理者,从而提高企业的经营业绩。但是,当控股股东的目的在于谋求私人利益时,则会直接导致掠夺行为的出现。对世界上各个主要资本市场上市公司的股权结构的研究表明,大股东在有效控制公司的同时,更倾向于利用控制权侵占中小股东利益,以谋取控制权的私人收益(施莱弗和维施尼,1997)。尤其在中小投资者利益保护薄弱的国家,控股的主要动机在于侵占其他股东利益以获取控制权私人利益。第一,控股股东可以通过自我交易将企业资源转移为私有,这些自我交易不但包括在世界各国都受到法律禁止的行为,如直接的偷窃和舞弊;也包括资产销售和签订各种合同,如以对控制股东有利的形式转移定价、过高的管理层报酬、债务担保、对公司投资机会的侵占等。第二,控股股东通过股票发行稀释其他股东权益、冻结少数股权、内部交易、渐进的收购行为,以及采取其他侵害中小股东利益的行为(约翰森等,2000)(Johnson)。因此,拉普塔(La Porta)等(1999)和克莱森思(Claessens)等(2002)通过分析认为,世界上多数国家的公司代理问题是控股股东掠夺中小股东的问题,而高管与外部股东的委托代理问题反而居于次要的地位。

第一代公司治理研究——关注股东与管理层之间的代理关系,继而升级为第二代公司治理研究——关注控股股东与中小投资者之间的代理关系。分析框架的转变使得我们把视线从经理人员(高管)转到了外部投资者身上——如何设计出有效的机制来防止出现内部人(控股股东)对外部投资者的掠夺行为,对投资者保护理论的研究产生重要影响。

二、投资者保护理论的发展

(一)契约论

人们相互之间由于私有权得到保护而有订立完备契约的激励。只要契约是完善的,交易者都是理性的,社会就可以完全基于契约运行。只要私人之间订立完备的契约,市场经济就可以有效地运作,国家法律制度不是必要的。在投资者保护问题上,契约论认为只要契约是完善的,那么投资者与公司签订契约就可达到保护自己利益的目的。因此,无须专门立法。契约论指出,投资者会充分搜集各种信息并选择一些信誉好的公司投资,使自己免受欺骗,在这种情况下证券法律法规是无关紧要的。制定法律反而有可能干扰市场机制运作,增加成本。伊斯特布鲁克(Easterbrook)和菲斯切尔(Fischel)(1991)认为,只要契约履行良好,金融市场就不需要法律管制,而法律管制某些时候会对证券市场的发展起到阻碍作用。上述投资者保护的实现是以完备市场和完全理性为前提的,而事实上,随着公司权利主体的增加和交易的日益复杂,信息不对称、投资者由于专业和精力所限无法签订完备契约、法庭执法不力等因素造成了不完备契约,使得完备契约论实现投资者保护的能力受到质疑(格罗斯曼和哈特,1988)。

（二）所有权

高度集中的外部投资者所有权（ownership concentration）可以构成对管理层的强有力约束，从而保护投资者。相对集中的所有权结构是有效保护投资者利益的手段之一（施莱弗和维施尼，1997）。但是，高度集中的所有权结构会出现控股股东，控股股东拥有控股权溢价，利用自己的控制权获得与其持股比例不相称的额外利益，形成对中小股东的掠夺。在缺乏相应的监管和法律下，大股东会掠夺公司利益，不完备的契约、政府干预均无法约束这种行为。

（三）声誉机制

声誉是在反复的市场交易过程中逐渐建立起来的，由此产生信任和信誉（克莱因，1992）。声誉机制对投资者的保护来自两个方面：第一，良好的声誉可以缓解交易双方的信息不对称，降低交易的不确定性和风险，形成投资的稳定预期；第二，声誉机制具有惩戒功能，即如果违约，将使声誉受损，可能增加以后进行市场交易的风险，降低收益，降低交易成功率，所以，声誉机制提高了违约的成本从而具有惩戒功能。信贷市场上的征信和信息分享机制就是声誉理论的实际运用。良好的市场声誉（reputation building）能够使公司获得更多的投资，增强投资者的信心。

（四）法律论

拉普塔等（1997、1998、1999、2000、2002）主张通过法律保护来实现投资者利益的保护，掀起了从法律和监管的角度研究投资者保护理论的研究浪潮。法律论主张投资者保护是指法律对投资者的保障程度以及相关法律监管的有效执行程度，以中小股东、债权人为主体的关注对象。法律渊源的不同会导致投资者保护程度的差别，最终影响财务决策及其经济后果。

三、法与财务研究

拉普塔等（1998）创立的"法与财务"研究框架，被广泛运用于金融发展、经济增长和公司财务、会计等领域的研究中。财务与会计学研究的最新进展之一是对"法与财务"研究范式的关注（许年行等，2008）。法与诸多财务问题相结合，如法与公司价值、法与股权结构、法与股利政策、法与资本结构、法与资本成本、法与公司治理，形成了财务学前沿、活跃的研究热点。在会计研究领域，法与盈余管理、会计师事务所选择等问题的研究相结合。

"法与财务"分析框架可简单概括为：量化国家（地区）的投资者法律保护程度，即制定一套投资者法律保护指数，包括股东权利保护指数、债权人权利保护指数和执法效率指数。拉普塔等（1998）首次构造和计算了英美、欧洲大陆共 49 个国家的投资者法律保护程度。投资者权利的法律保护主要有三方面：一股一票（one share-one vote）、抗董事权（anti-director right）和强制股利（mandatory dividend）。其中抗董事权又包括六项权利：通信表决权、代理表决权、累积表决权、少数股东反对权、优先认股权以及临时股东会召集权。在此基础上，从投资者法律保护的视角研究分析财务问题，把投资者（法律）保护作为理解分析财务问题的工具和手段，从一国或地区对投资者（法律）保护的程度中追寻财务问题的成因和后果。

在财务与会计研究领域，现有的"法与财务"研究涉及以下几个主题：

（一）法与公司治理

一方面，在分散股权结构下，众多分散的小股东缺乏足够的激励对管理者实施监督，搭便车导致形成"强管理者、弱所有者"的格局，需要借助外部的投资者保护机制（如法律），缓解股东与管理者之间的代理问题，限制管理者损害小股东们的利益。所以，在投资者法律保护较弱的国家里，缺乏外部保护的小股东不得不持有大量股权而成为大股东，获得足够的激励以监督管理者的剥削行为，从而保护自身利益。另一方面，在投资者法律保护弱的国家，中小投资者预期被剥削，只愿意以较低的价格购买股票，导致上市公司权益融资市场不发达，迫使股权趋向于集中以便完成权益融资。所以，在投资者法律保护较差的国家，其股权结构表现出股权集中、存在大股东或控股股东的特征,投资者法律保护与上市公司的股权集中度负相关(拉普塔等,1998、2000)。鲍巴里(Boubakri)等(2005)以39个新兴国家209家私有化公司为对象,研究了私有化与股权结构变化的关系,发现私有化后,在投资者保护较差的国家和地区,股权集中度上升,而且,上升的股权集中度带来良好的企业业绩,从私有化的视角支持了施莱弗和维施尼(1997)、拉普塔等(1998、2000)的研究结论。

在股权集中的结构下,尽管大股东与管理者之间的代理问题得到缓解,但大股东与外部的小股东的代理问题却由此产生。对东亚国家(克莱森思等,2000)及西欧国家(费西欧和郎,2002)(Faccio)、新兴市场国家(坎纳,2000)(Khanna)、俄罗斯(切尼,2008)(Chernykh)进行的研究表明,在这些投资者法律保护较弱的国家和地区,通过追溯"控股股东的控股股东",上市公司均存在实际控制人(终极控股股东)。终极控股股东利用金字塔结构实施对上市公司的控制是一种普遍存在的现象。在金字塔结构下,实际控制人通过较少的现金流权(cash flow right,也称所有权)就能实现对位于控制链下游的企业实施控制,导致了现金流权与控制权的分离,由此产生的乘数效应或杠杆效应带来巨额的控制权私利。金字塔结构为实际控制人掏空(tunneling)下级企业提供了便利。实际控制人与其他中小投资者、实际控制人与金字塔控制结构低层级成员公司的其他中小投资者之间存在利益冲突(莫克等,2005;克莱森思等,2002;拉普塔等,2000)。在必要的时候,如为了保持上市公司不被摘牌,或为获得股权再融资资格等,大股东也会向公司输入资源以维持公司的业绩,这种逆向的输送为支持(propping)(弗莱德曼等,2003)(Friedman)。

投资者法律保护可以限制大股东的剥削行为,投资者法律保护程度越高,大股东、终极控股股东获得的控制权私利就越少。不同法系下,控制权私利水平存在差异,投资者法律保护水平与控制权价值显著负相关。从动态角度的分析显示,在意大利,随着投资者法律保护程度的提高,控制权私利水平逐步降低(代克和津格勒斯,2004)(Dyck,Zingales)。对交叉上市(cross-listings)的研究为投资者保护与大股东掠夺之间的关系提供了支持证据,在美国交叉上市的公司面临更严格的市场监督和法律监督,控制权私水平更低(多艾基等,2004)(Doidge)。在中国,研究发现投资者保护程度与公司绩效正相关,投资者保护程度能减弱控股股东的控制权和公司绩效的关系,降低控股股东对上市公司的资金占用(王鹏,2008)。

除了法与股权结构的研究外,对法与公司现金持有量、法与公司管理层更换之间的关系研究也是从投资者保护角度对代理问题进行研究的重要方面。在投资者法律保护弱的国家和地区,管理层持有大量现金进行无效的过度投资,损害股东财富,而不是将现金返还股东(迪特马等,2003)(Dittmar),外部投资者保护程度较高时,公司管理层在公司业绩差的情况下更易被更换(沃尔品,2002)(Volpin)。

(二)法与公司价值

当外部投资者保护程度较高时,由于掠夺投资者利益将面临更严厉的处罚,迫使公司将利润以股利形式返还给外部投资者。预期到被内部人剥削的程度将下降,外部投资者愿意为股票和债券支付更高的价格。所以,当以市值衡量企业价值时,投资者法律保护水平越高,公司价值更高(拉普塔等,2002)。

虽然直接检验投资者保护与公司价值的实证文献数量上相对少一些,但是,公司价值最大化是财务政策的最终目标,所以,从投资者保护角度对公司财务领域诸多问题的研究,本身就从多个角度为投资者保护与公司价值的关系提供了支持。

(三)法与融资

投资者保护通过影响金融市场,从而影响实体经济(贝克等,2003)(Beck)。拉詹和津格勒斯(1998)检验了世界各国的投资者权益和企业融资的关系。贝克等(2003)确证了从投资者保护的角度来解释金融制度的分类和变迁较之传统的银行市场观更为有效,对外部投资者的保护程度能够较好地解释金融部门的发展。施莱弗和沃尔夫森（Wolfenzon）（2002）从"投资者保护"的角度解释了"卢卡斯困惑"（Lucas puzzle）：更好的投资者保护会导致更高的利息率，并抑制资本流向较弱投资者保护的国家，而发展中国家不力的投资者保护是制约资本流入的一个重要制度因素。

在债务融资方面，对债权人保护程度较高，贷款违约率下降，银行贷款量较高，债务融资可得性较高。迪津卡夫（Djankov）等（2007）运用 129 个国家历时 25 年的数据进行检验对此提供了支持证据。法律制度差异影响债务期限结构的选择（达莫坎特和马克西莫维克）（Demirguc-Kunt）。

在权益融资方面，法律保护从以下几个渠道对权益融资产生影响：一是投资者法律保护抑制控制权私利，公司利润不容易被内部人侵占，而更多地作为利息和股利返还给外部投资者，外部投资者因此愿意为股票支付更高的价格，使筹资成本下降；二是投资者法律保护可以缓解信息不对称（布洛克曼和楚恩格，2003）（Brockman，Chung）；三是投资者法律保护可以降低市场交易成本（巴特查亚和达尔克，2002）（Bhattacharya，Daouk）；四是投资者法律保护较好的国家和地区，社会较稳定，突发事件较少，外源融资较发达（平乔维奇等，2006）（Pinkowitz）。基于中国中小投资者法律保护的历史实践所做的研究表明，随着中小投资者法律保护程度的提高，IPO 溢价下降（沈艺峰等，2004），权益资本成本逐渐下降（沈艺峰等，2005；肖珉，2008）

（四）法与股利政策

投资者法律保护与股利政策可能存在两种关系：第一，在一个有效的投资者法律保护制度下，公司内部人无法将现金用于无效投资牟取私利，而是需将现金返还股东，所以投资者法律保护越好股利支付率越高，股利是有效保护投资者的结果，即"结果模型"；第二，为了能为有价值的项目筹集外部资金，公司必须使投资者相信其投资利益是被保障的，支付股利是取信投资者的方法，支付股利可减少可供内部人剥削的现金,所以,投资者法律保护越差股利支付率越高,股利是投资者法律保护的一种替代,即"替代模型"。实证研究结果支持了"结果模型"(拉普塔等,2000)。费西欧等(2001)从股息的侵占角度分析了股权结构相似的东亚和西欧上市公司发现,在欧洲,大股东有助于限制控股股东对小股东的剥削行为,并迫使公司支付更高的股利;而在东亚,控股股东以外的大股东却典型地与控股股东合谋掠夺小股东。他们把这种差异解释为西欧更发达的资本市场能够为投资者提供更好的市场保护。在中国,雷光勇和刘慧龙(2007)发现市场化程度越高,上市公司倾向于发放更多的现金股利,支持了"结果模型"。

（五）法与会计信息质量

投资者法律保护影响盈余管理水平,投资者法律保护水平越高,一方面粉饰报表的成本越高,另一方面获取的控制权私利越少,所以,盈余管理程度越低(利兹等,2003)(Leuz)。投资者法律保护越好,为免遭监督和处罚,内部人越有动机去隐藏可能损害投资者利益的行为,所以,投资者法律保护程度越高,盈余不透明度越高。刘启亮、何威风和罗乐(2012)研究了中国2006年新公司法的实施对应计与真实盈余管理的影响,发现在法律责任加重以后,公司的应计盈余管理空间得到了抑制,但与之相伴随的是费用方面真实盈余管理的增加。

（六）法与会计师事务所选择

基于保险理论和深口袋理论进行推演,审计质量受到法律水平的影响,投资者法律保护程度越高,审计师失职面临的处罚越重,成本就越高。所以,在投资者保护水平越低的国家,较低的投资者保护水平难以对外部审计进行约束,选择高质量外部审计的可能性越低;投资者法律保护水平越高,越会选择高质量外部审计。

但是,基于代理理论的演绎,高质量的外部审计是降低代理成本的机制。如果引入高质量的外部审计,代理问题的缓解将使公司价值得到提高(詹森和梅克林,1976)。在中国市场上,上市公司的代理成本越高,越倾向于选择声誉较好的"四大"会计师事务所(曾颖和叶康涛,

2005)。所以,当投资者保护水平较高时,公司的代理问题相应受到约束,作为替代机制的高质量外部审计失去其原有的重要性(克拉克森和西缪尼克,1994)(Clarkson,Simunic)。

"法与财务学"文献主要采用后果视角,主张由于预期到对投资者的保护提高了利益侵占的成本,所以,对投资者的保护能增进企业价值。但法律保护仅仅是投资者利益的一个重要方面,而且,它主要强调对中小投资者的保护。必须注意的是,对投资者的利益保护除了受国家法律的完善程度和司法的公正程度影响外,还与监管机构、地方政府以及公司治理机制等多个因素有关。所以,应重构投资者保护的内涵。

而且,在我国特殊的制度环境下,损害投资者利益的行为还包括过度监管、不当监管对投资者的损害。政府对证券市场的过度监管或是不当监管对企业的决策产生了一定的影响,从而驱动企业的政策决定并非围绕企业价值最大化为目标,故此,对投资者造成一定的损害。例如,山东钢铁,为注册资本金 100 亿元的国有独资公司,也是山东省属规模最大的企业。日照钢铁则是山东省内大型民营企业,目前位居国内十大钢铁企业之列。按照山东省政府的部署,在日照市政府主导下,民营的日照钢铁赢利丰厚,反被亏损的国企山东钢铁收购。[①]

我们主张,当投资者进行财务决策时,例如决定是否实施并购,如果由于受到政府干预或制度环境缺失影响,导致投资者的利益受损,此时,对投资者的保护研究也应扩展至全体投资者,不应仅局限于中小投资者。即投资者和投资者保护的含义应视具体的研究问题而定。

第四节 投资者保护与并购收益

从投资者保护角度对我国上市公司并购进行研究是必要的,复杂

---

① 李攻:《巨亏国有山东钢铁"叫吃"赢利民营日照钢铁》,《第一财经日报》2009年 8 月 4 日。

的制度环境影响投资者保护与并购之间的关系。第一,股权高度集中的结构下,大股东凭借自身的控制权侵害和掠夺小股东利益,并购是大股东实施掏空的手段之一(李增泉等,2005)。在我国资本市场监管的压力下,关联并购重组甚至成为机会主义驱动下上市公司达到保配目的的手段(陈信元等,2003)。第二,政府干预企业并购活动。以 GDP 为主的政绩考核和晋升机制,使地方政府有动机对本辖区企业并购行为进行干预,使资源聚集在辖区的地方国企内。地方政府官员愿意鼓励地方国企并购本地的优质企业(方军雄,2008),或是通过"拉郎配"式并购降低地方失业率、帮助本地企业"脱贫解困"(陈信元和黄俊,2007),以实现经济增长、促进就业和维护社会稳定等,最终实现官员晋升。所以,不同产权性质的收购方公司进行并购的动机可能存在差异。第三,历史、文化的积淀传承和二元经济结构导致对投资者的保护程度在地区层面上存在很大差异。第四,随着资本市场的发展,对中小投资者的法律保护水平不断提升,法律条文越来越多,逐步涉及中小投资者保护的多个方面,同时股权分置改革的实施和完成,使我国中小投资者的保护程度在纵向的历史发展上呈现出不断提高的特征。

从投资者保护角度对并购收益进行研究,具体涉及并购活跃程度、并购地域选择、收购方并购收益三方面问题①。

国外研究表明,在投资者保护与并购数量研究方面,目标公司的地区投资者保护程度越高,并购契约不确定性越低,所以,并购活动量越大,异地并购活动数量越多(罗西和沃尔品,2004)(Rossi)。在投资者保护与并购地域选择研究方面,基于交易成本经济学,最近的一些文献从目标公司投资者保护的角度,分析了并购研究中的并购地域选择问题。目标公司所在地的投资者保护程度越高,收购方公司越会发起异地并购。究其背后的原因在于,目标公司所在地对投资者的保护程度

---

① 由于目标公司大多为非上市公司,数据的不可得导致无法研究目标公司的并购收益。

越高,实施异地并购的市场摩擦越小,并购的交易成本下降,所以异地并购会越活跃。在跨国并购中,来自发达国家的收购方公司治理水平较高,通过收购来自欠发达国家的目标公司,使目标公司的治理水平得到提高,实现公司治理的趋同(布里斯和卡布里斯,2008);或者是来自欠发达国家的收购方公司,通过收购来自发达国家的目标公司,主动将公司治理提升到更高的程度(玛蒂诺娃和吕尼布格,2008)。在投资者保护与并购收益研究方面,公司治理程度越高,收购方并购收益越高(马苏里斯等,2007);研究者使用公司治理影响协同效应关系的研究思路,基本上认为,如果并购双方的投资保护程度存在差异,即公司治理水平存在差异,并购通过提升弱投资者保护公司的治理水平,使并购产生收益(库柏斯等,2008;卡里等,2004)。并购的协同效应来自公司治理传递的"外溢效应"和"拔靴效应"。"外溢效应"认为,如果收购方公司的治理水平高于目标公司,并购后,目标公司原来的治理结构被收购方公司的治理结构所取代,并购实现了并购双方治理水平的总体提高,企业价值上升,并购获得正的协同效应。"拔靴效应"则认为,公司治理程度较弱的收购方公司主动和自愿寻求治理水平的提高,通过收购治理水平较高的目标公司,公司治理较差的收购方公司接受和实施目标公司的治理结构,提升了自身公司治理水平,企业价值上升,并购带来正的协同效应。

国内较少从投资者保护角度对并购问题进行研究。虽然李善民和张媛春(2009)讨论了制度环境对股权协议转让效率的影响,然而,一方面,我国 31 个省区市制度环境发展程度存在较大差距,各地区的投资者保护程度不尽相同;另一方面,历史的看,我国中小投资者保护程度处于不断提升之中。同时,企业普遍存在的实际控制人突显出大小股东之间的代理问题。这为从投资者保护视角横向和纵向视角、企业股权结构视角研究我国上市公司的并购收益提供了契机。

为了更好地理解我国上市公司并购问题,后续实证研究将投资者保护、权力集中的后果、投资者保护对权力后果的影响整合起来。具体来说,本书欲在考虑我国关联并购和非关联并购并存、企业产权性质多元化(民企、地方国企和央企并存)、中小投资者地区保护差异大、中小投资者保护历史实践渐进变迁等因素下,从投资者保护角度研究我国上市公司并购活动及其收益问题。具体研究问题如下:

第一,地区投资者保护、企业性质与异地并购的协同效应。协同效应假说认为协同效应是并购收益的来源(詹森,1984)。收购方公司通过获取目标公司的控制权来利用目标公司的某些特定资源,或者替换掉无效的管理层,提高企业的管理效率。因此,并购是一种提高企业价值的协同战略行为。跨国并购研究认为的协同效应来自公司治理传递的外溢效应和拔靴效应。同时值得注意的是,地区投资者保护程度,除了可能代表公司治理水平以外,还代表交易成本和市场摩擦。公司并购是重新划定企业边界的机制。并购实现资源的重新配置,但是,市场摩擦会阻碍有效并购的发生,以及降低并购的效率,阻碍企业边界的扩张。在我国,并购双方地区投资者保护程度差异是否也为企业带来并购的协同效应?地区投资者保护程度对并购收益的影响是来自于公司治理的改善还是并购交易成本的下降?并购双方地区投资者保护程度差异与并购协同效应之间的关系在民企、地方国企和央企实施的并购中是否一致?本书拟通过同时检验公司治理的外溢效应、拔靴效应以及并购的交易成本效应展开分析。

第二,目标公司地区投资者保护与并购地域选择问题。我国31个省区市投资者保护水平地区间发展不平衡,地区投资者保护程度如何影响并购的地域选择?来自地区投资者保护程度高的地区的收购方公司是否倾向选择来自地区投资者保护程度低的地区的目标公司,抑或倾向选择同样来自地区投资者保护程度高的地区的目标公司?来自地区投资者保护程度低的地区的收购方公司是否倾向选择来自地区投资者保护程度高的地区的目标公司,抑或倾向选择同样来自地区投资者保护程度低的地区的目标公司?

第三,中小投资者法律保护变迁与并购收益问题。法与财务的研究文献从后果视角主张,对中小投资者的法律保护越强,损害中小投资者利益的行为将面临更严厉的处罚,因此利益侵害行为的成本更高。我国与中小投资者保护有关的法律法规不断健全和完善,中小投资者法律保护程度的动态变化对并购收益产生怎样的影响?在执法效率较低的情况下,仅是法律条文的建立和健全,中小投资者法律保护的历史实践是否影响并购收益?中小投资者保护的动态变化对非关联并购、关联并购的收益影响是否相同?

第四,现金流权和控制权分离程度与并购收益问题。产权理论认为权力的归属导致一体化。但是,当权力面对的激励发生改变时,权力的运用会产生不同的后果,带来不同的收益。我国上市公司大多存在实际控制人(终极控股股东),现金流权和控制权的分离使实际控制人以较低的成本获得更多的控制权私利,两权的分离程度是否会降低并购收益?当地区投资者保护程度高时,地区投资者保护是否抑制两权分离与并购收益的负向关系?

这四个方面的问题在后续第三、四、五、六章中分别进行分析回答,以期能从投资者保护角度对我国上市公司并购问题进行较全面细致的研究。第三、四、五章基于交易成本经济学、法与财务文献展开投资者保护与并购收益的研究,其中第三、四章是从横向、静态角度研究投资者保护与并购收益,第五章从纵向、动态角度研究投资者保护与并购收益。第六章基于产权理论对企业边界的论述和法与财务文献,研究投资者保护与并购收益。

第三章　地区投资者保护与异地
并购的协同效应

协同效应假说认为协同效应是并购收益的来源。收购方公司通过获取目标公司的控制权来利用目标公司的某些特定资源,或者替换掉无效的管理层,提高企业的管理效率。因此,并购是一种提高企业价值的协同战略行为。跨国并购的研究文献认为,当并购双方所在国的投资者保护程度不同时,跨国并购带来并购双方公司治理水平的提高和趋同,由此产生协同效应。

但是,地区投资者保护程度,除了可能代表公司治理水平以外,还代表交易成本和市场摩擦。并购是实现资源重新配置的手段,但是,市场摩擦会阻碍有效并购的发生,降低并购的效率。

我国 31 个省区市制度环境发展程度存在较大差距,各地区的投资者保护程度不尽相同。在我国,并购双方地区投资者保护程度差异是否也为企业带来并购的协同效应?地区投资者保护程度对并购收益的影响是来自于公司治理的改善还是并购交易成本的下降?并购双方地区投资者保护程度差异与并购协同效应之间的关系在民企、地方国企和央企实施的并购中是否一致?本章拟通过同时检验公司治理的外溢效应、拔靴效应以及并购的交易成本效应,对这三个问题进行分析。

第一节　理论分析和研究假设

一、外溢效应与收购方的并购收益

公司治理的研究文献认为,中小投资者保护作为使外部投资者免受公司内部人(包括管理者、大股东)剥削的制度安排,是缓解代理问题的重要途径。因为对中小投资者保护的程度越高,管理者损害股东利益或者大股东实施掠夺和利益侵害的成本就越高,从而限制了各种掠夺和利益侵占行为。所以,投资者保护程度越高,资本市场越发达,对企业的估价也更高,公司会发放更多的股利,公司股权集中度更低(拉普塔等,1997、1999、2000、2002),公司会进行更少的盈余管理活动(利兹等,2003),进行更多的有效投资(瓦格拉,2000)(Wurgler)。

所有权和控制权的分离使企业所有者(外部投资人)和企业管理者之间存在委托代理关系。管理者往往会有他们的自身利益,从事无效的并购是公司管理者花掉现金流量、建立商业帝国的方式之一,并购本身可能就是股东与管理者之间代理问题的表现。信息不对称、契约的不完备性使得这些代理问题仅靠契约本身无法获得解决。股权高度集中的结构下,大股东与外部小股东之间存在代理问题,因为大股东凭借自身的控制权侵害和掠夺小股东利益,可以通过各种手段以较小的成本获得很大的控股权私利。并购是大股东实施掏空的手段之一。同时,在我国资本市场监管的压力下,并购重组甚至成为机会主义驱动下上市公司达到保配目的的手段。

中小投资者保护的外部制度安排,加大了大股东利用并购损害中小股东利益的成本。虽然中国所有地区都必须执行全国范围内颁布的法律条款,但同一法律条款在各地区的执行力度和效果各不相同,各地区法律环境不尽相同,对投资者的保护程度也不尽相同。当大股东损害中小股东利益涉及法律诉讼时,法律执行效率越高的地区,作出的处罚可能更严厉。出于对后果的预期,可能使大股东利用并购实施掠夺和利益侵占的行为有所收敛。所以,中小投资者保护程度越高,收购方实施破坏价值的并购行为成本较高。中小投资者保护抑制无效并购行为,鼓励和保护价值创造型的并购,中小投资者保护程度因此带来并购收益。因此,提出如下研究假设:

假设 1a:收购方公司所在地的投资者保护程度越高,收购方公司的并购收益越大。

近期的文献从地区投资者保护角度研究并购行为和并购收益。投资者保护程度越高,治理环境越好,公司的治理水平越高。布里斯和卡布里斯(2008)以跨国并购为研究对象,研究发现,当收购方公司来自对投资者保护程度高的英美等普通法系国家,目标公司来自对投资者保护程度低的法语系和德语系大陆法系国家时,收购后,目标公司所在行业的托宾 Q 值上升,原因在于目标公司引入了收购方公司的治理结构,公司治理水平实现趋同。卡里等(2005)研究了 1988—2002 年间发达国家的收购方公司收购新兴市场国家目标公司的并购事件,发现目标公司从并购中获得了收益。库柏斯等(2008)以 1982—1991 年间国外公司收购美国公司的并购事件作为研究对象,他们关注了国家的法律环境对并购价值的影响。

公司的外部治理环境越严格,公司的治理水平可能更高。从公司治理的传递和转移来看,公司治理的外溢效应带来并购的协同效应。如果收购方公司的治理水平高于目标公司,并购后,目标公司原来的治理结构被收购方公司的治理结构所取代,并购实现了并购双方治理水平的总体提高,企业价值上升,并购获得正的协同效应。反之,如果收购方公司的治理水平低于目标公司,并购后,目标公司原来较好的治理结构被收购方公司较差的治理结构所取代,并购导致了并购双方治理水平总体下降,企业价值下降,并购带来负的协同效应。地区投资者保护程度直接影响公司治理结构(多艾基等,2007)。如果收购方公司处于投资者保护程度更高的地区,其公司治理水平较优,目标公司处于投资者保护程度更低的地区,其公司治理水平较低,并购活动使目标公司引入来自投资者保护程度高的地区的股东,目标公司接受由新股东带来的一系列制度安排,目标公司的股东保护程度因此得到提高,由此产生并购收益。也就是说,并购双方治理程度存在差异时,并购可带来投资者保护程度的改善,并购为公司治理改善提供了替代的机制。根据上述分析提出如下研究假设:

假设1b:收购方公司所在地的投资者保护程度越高于目标公司所在地的投资者保护程度,收购方公司的并购收益越大。

二、拔靴效应与收购方的并购收益

并购协同效应不仅可来自于目标公司治理水平得到提高,也可来自收购方公司治理水平的提高。上述公司治理的"外溢效应"是收购方公司的治理制度安排单方向地向目标公司转移,未考虑目标公司的治理制度安排对收购方公司的影响。公司治理传递和转移的另一个渠道——拔靴效应弥补了这一缺陷。"拔靴效应"认为,公司治理程度较弱的收购方公司主动和自愿寻求治理水平的提高,通过收购治理水平较高的目标公司,公司治理较差的收购方公司接受和实施目标公司的治理结构,提升了自身公司治理水平,企业价值上升,并购带来正的协同效应。玛蒂诺娃和吕尼布格(2008)对欧洲国家发生的跨国并购进行研究后发现,只要并购双方的投资者保护程度存在差异,无论是收购方公司的投资者保护程度低于目标公司,还是目标公司的投资者保护程度低于收购方公司,并购均可产生协同效应。拔靴效应类似于绑定效应(bonding effect)。绑定效应是指公司主动寻求在公司治理要求较高的地区上市,从而使自己作出的保护股东权力的承诺是可信的(多艾基等,2006;田利辉,2006)。绑定的成本较高,如必须遵守高质量会计准则、更严格的上市规则和治理标准,以及承担较多的法律责任等。基于拔靴假说的分析,如果收购方公司处于投资者保护程度较低的地区,目标公司处于投资者保护程度较高的地区,通过并购活动,收购方公司及其控股股东的投资者保护程度因此得到提高,或者至少不会下降。所以,如果收购了处于投资者保护程度较高的地区的目标公司,收购方可获得正的并购收益。**根据**上述分析提出如下研究假设：

假设 2a：目标公司所在地的投资者保护程度越高，收购方公司的并购收益越大。

假设 2b：目标公司所在地的投资者保护程度越高于收购方公司所在地的投资者保护程度，收购方公司的并购收益越大。

三、交易成本、企业性质与收购方的并购收益

（一）交易成本与收购方的并购收益

交易成本经济学对企业边界的研究认为，为节约交易成本，企业将市场交易内部化，企业边界得以扩张。但是，交易成本经济学的分析方法存在静态分析的局限性，它忽略了动态环境的影响，其中最重要的是制度环境。

我国 31 个省区市的制度环境发展水平参差不齐，各个地区对投资者（指全体出资人，不仅限于中小投资者）的保护程度存在很大差异，收购方公司在不同省区市实施并购所面临的市场摩擦和交易成本是不同的。并购是实现资源有效配置的手段，市场摩擦会阻碍有效并购的发生，降低并购的效率，阻碍企业边界的扩张。换言之，收购方公司面临的地区投资保护程度不同，其实施并购的交易成本也不同，实施并购的交易成本越大，并购的收益可能就会越小。我们称之为并购的交易成本效应。

据世界银行（2007）的调查显示，在西部地区，投资项目获取政府批准等与政府打交道的时间远高于东南沿海地区，市场效率更低，软环境更差。同时，不同的投资者保护程度下，各省区市对企业产权的保护程度存在较大差异。比如，政府干预下的"拉郎配"式并购就是对收购方公司产权的侵害。如果收购方公司来自于投资者保护弱的地区，它们实施同地并购或者选择同样来自投资者保护程度弱的地区的目标公司，可能面临更大的市场摩擦，招致更高的交易成本，产权受到侵害的潜在危险更大，这些都影响到企业边界扩张的可能性、可行性和效率。由于我国地区投资者保护程度差异较大，在不同地区实施并购面临的

市场摩擦和交易成本会有所不同,收购方公司可能出于节约并购交易成本和降低市场摩擦的动机,对目标公司的地域进行选择,以改变并购交易的相对成本,提高并购效率。所以,出于并购交易成本的考虑,当收购方公司来自于投资者保护弱的地区时,它们可能会更倾向于选择投资者保护强的地区的目标公司实施企业边界的扩张。

进一步地,目标公司所在地的投资者保护的制度安排降低了并购双方订立并购契约的交易成本,进而影响收购方公司获得的并购收益。交换资产权利时,有关契约所确定的各种维度范围取决于边际成本和收益。如果订立契约的成本很高,则有一些维度就可能被排除在契约之外,但往往这些被排除的维度最终可能成为发生纠纷的根源,加大契约的执行难度或监督成本。高额的交易成本还可能减少或消除本来可能有利的交易。具体到并购交易而言,如果目标公司所在地投资者保护程度越高,并购交易的结果就更具有系统性和可预测性,并购契约内容特定性较小。因此,对投资者的保护降低了并购契约的成本。目标公司所在地的投资者保护程度越高,并购活动越活跃。

因此,位于投资者保护程度差的地区的收购方公司通过收购地区投资者保护程度强的目标公司,收购方公司可以节约并购的交易成本,获得并购收益,并购后收购方公司面临的市场环境得到改善,并购带来协同效应。根据上述分析提出如下研究假设:

假设3a:目标公司所在地的投资者保护程度越高,收购方公司的并购收益越大。

假设3b:目标公司所在地的投资者保护程度越高于收购方公司所在地的投资者保护程度,收购方公司的并购收益越大。

(二)企业性质与收购方的并购收益

不同产权性质的收购方公司进行异地并购的动机可能存在差异。民营上市公司出于企业战略需要而进行并购可能更符合市场规律导向。为减少实施并购的交易成本和面临的市场摩擦,例如为了应对地区保护导致的市场分割,或是为了回避当地政府对本企业的干预,民营上市公司作为收购方时,对目标公司的地域加以选择的动机可能更强。所以,地区投资者保护有可能解释民营上市公司的并购收益。

就国企而言,为实现和增加地方财政收入,地方政府有动机对本辖区企业并购行为进行干预,实现资源聚集在辖区内的企业中。由于地方政府是地方国有企业的控制人,国有企业的高管本身就是政府官员或是由政府任命,地方政府更便于对国有企业进行干预,扮演扶持之手和掠夺之手的双重角色(施莱弗和维放尼,1994),以便履行其社会职能。地方政府官员鼓励地方国企并购本地的优质企业,或是通过"拉郎配"式并购降低地方失业率、帮助本地企业"脱贫解困"(陈信元和黄俊,2007),以实现经济增长、促进就业和维护社会稳定等(潘红波等,2008)。地方政府控制的国有企业在追求经济效益之外,还承担就业、维稳等多重任务。为追求做大做强企业,国家出台政策,实施国有资本重组,推进央企通过并购重组实施产业结构调整,加大国有资本在某些行业和领域的控制力,央企所实施的异地并购更多受加强国有资本控制力的政策驱动(方军雄,2008)。民企和国企的价值取向以及面临的市场环境存在实质性的差异,导致它们的并购动机也存在明显不同。因此,地区投资者保护可能不能解释国企的异地并购收益。所以,提出如下假设:

假设3c:地区投资者保护与收购方公司并购收益间的关系可能只存在于民营上市公司作为收购方的并购活动中。

第二节　研究设计

一、样本选择

我们以中国股票市场研究数据库(CSMAR)"中国上市公司并购重组研究数据库"中2003—2009年发生的、上市公司作为收购方公司的异地非关联股权标的并购事件作为初选样本,然后按以下标准进行筛选:第一,由于财务指标不可比,剔除收购方公司或目标公司为金融行业的并购事件;第二,前后两次并购至少间隔 6 个月;第三,当同一家上市公司在同一天宣告两笔或两笔以上的并购交易时,如果目标公司不是同一家公司时,为避免目标公司异质性对并购的累积超额收益率产生噪音,对这样的并购事件给予剔除,如果是同一家上市公司与同一目标公司的不同股东进行并购交易,则将这些交易合并为一个事件;第四,剔除上市当年发生的并购事件;第五,为避免并购以外的其他重大公告可能会对并购的累积超额收益率产生噪音,剔除在并购首次公告日当天和公告日前后 10 个交易日内同时进行了其他重大公告的样本公司,包括披露季报、中报和年报,增发配股公告,分红公告等;第六,剔除无法识别目标公司行业和性质的并购事件;第七,剔除财务指标存在缺失的并购事件;第八,由于对投资者保护的要求不同,剔除同时发行B 股、H 股的上市公司;第九,剔除交易金额小于 500 万元的并购事件。最终得到有效样本观测点 152 个。

二、代理变量和数据来源

地区投资者保护程度。法律是保护投资者的正式制度。虽然中国所有地区都必须执行全国范围内颁布的法律条款,但同一法律条款在各地区的执行力度和效果各不相同,各地区法律环境不尽相同,对投资者的保护程度也不尽相同。本书使用各地区法律条款的执行力度来刻画地区投资者保护程度。各地区对投资者的保护程度来自《中国市场化指数——各地区市场化相对进程 2006 年报告》(樊纲等,2007),该报告编制的市场化指数包括五个方面,分别是政府与市场的关系、非国有经济的发展、产品市场的发育程度、要素市场的发育程度、市场中介组织发育和法律制度环境,这五个方面的市场化指标在国内外研究文献中作为代理变量得到广泛运用(雷光勇和刘慧龙,2007;程仲鸣等,2008;李善民和张媛春,2009)。在每个方面指数下面,包括若干分项指标,有的分项指标下面还有二级分项指标,最下面一级的分项指标为基础指标。其中,第五方面"市场中介组织发育和法律制度环境"与本书所要研究的变量有关,代表各地区对投资者的保护程度(王鹏,

2008；沈艺峰等，2009）。

企业性质。对于收购方公司，我们根据上市公司的实际控制人性质来判断上市公司是属于国有还是民营性质，实际控制人性质来自CSMAR、CCER 和 Wind 数据库。对于目标公司，由于它们均不是上市公司，我们通过逐一查阅并购公告，从中获取关于目标公司性质的信息，并购公告查自网易财经，并使用百度搜索引擎作为辅助查找工具。

企业所处行业。对于收购方公司，直接使用 CSMAR 数据库中的行业分类数据。对于目标公司，通过逐一查阅并购公告中披露的目标公司经营范围，参照中国证监会的行业分类标准进行确定。

并购双方所在地。以并购双方注册地所在省（区、市）作为它们的所在地。虽然 CSMAR 数据库中收录了并购事件中卖方的注册地，但"卖方"实际上是目标公司在并购前的原股东，若以其作为目标公司所在地可能会存在偏差，所以，我们通过逐一查阅并购公告中披露的目标公司注册地来确定目标公司所在地。

其余财务数据和计算并购的累积超额收益率所使用的交易数据均来自 CSMAR 数据库。

三、模型和变量定义

根据前文的分析，我们构建如下模型并使用 OLS 回归方法检验研究假设：

$$CAR_i = \beta_0 + \beta_1 Pro_i + \beta_2 Size_i + \beta_3 Lev_i + \beta_4 Grow_i + \beta_5 Cfo_i + \beta_6 Inde_i + \beta_7 Z_i +$$
$$\beta_8 Vol_i + \beta_9 Sind_i + \beta_{10} Stat_i + \beta_{11} Pri_i + \beta_{12} Year_i + \beta_{13} Ind_i + \beta_{14} Gdp_i + \varepsilon$$

CAR 是被解释变量，表示收购方公司的并购收益，是并购首次公告日前后若干个交易日收购方公司的累积超额收益率。我们使用市场模型法来计算收购方公司的累积超额收益率。其中，两个参数的估计区间为并购首次公告日前 150 个交易日至公告前 30 个交易日。

Pro 是一组测试变量，代表地区投资者保护程度。地区投资者保护程度是重点关注的变量，出于结论稳健性的考虑，我们同时使用连续变量和哑变量衡量并购双方的地区投资者保护程度差异。

根据已有文献,公司特征和并购交易特征影响并购收益,同时,结合我国上市公司并购活动的实际情况,使用如下控制变量:公司特征变量包括企业规模 Size、负债水平 Lev、成长性 Grow、自由现金流量水平 Cfo,公司治理特征包括独立董事 Inde 和股权制衡度 Z;交易特征变量包括交易规模 Vol、并购类型 Sind、国有化 Stat、民营化 Pri、并购年度 Year、收购方行业 Ind。

企业规模越大,收购方公司越易存在过度自信(罗尔,1986)(Roll),越易进行溢价收购(穆勒等,2004),收购方公司的并购收益可能更低。根据自由现金流量假说,收购方公司自由现金流大且负债率低时,更易进行无效并购(詹森,1986)。企业成长性影响并购收益,追求企业成长驱动企业实施战略性并购,但盲目扩张会导致企业价值下降;收购方公司的治理状况越好,越会选择进行价值创造型的并购。

不同的并购规模下收购方公司对目标公司产生影响的能力不同,进而影响到收购方公司能够获取的并购收益(弗勒等,2002)。一般认为,同行业并购带来正的收益,而非相关行业间的多元并购收益不显著为正,但在转型经济国家,企业通过多元化构筑内部市场应对外部市场的制度缺失(坎纳,2000),多元化并购可以带来正的并购收益。

我们研究的样本期间时逢国企通过并购重组进行改革,此外,还有国有资本一定程度地进入民营企业,为控制并购中产权性质变化带来的影响,我们加入国有化 Stat、民营化 Pri 作为控制变量。基于代理理论、政府多元目标论、政治关系论和预算软约束(克耐尔,1998)(Kornai),国有产权效率低下(麦金森和尼特,2001)(Megginson, Netter);国企产权改革后,企业效率得到提高(刘小玄,2004;白重恩等,2006)。所以,国有化与并购收益可能存在负相关关系,民营化可能与并购收益存在正相关关系。

2006 年是我国资本市场的转折点(中国证券监督管理委员会,

2008）。第一,新会计准则于2006年颁布并于2007年在上市公司中实施;第二,2006年A股上市公司全面实施股权分置改革,2007年股权分置改革基本完成,资本市场的基础制度和运行机制发生根本变化;第三,随着新的《公司法》、《证券法》修订后于2006年实施,以及配合资本市场基础制度变革,诸多配套的法律法规,包括《上市公司收购管理办法》等与并购监管有关的法律法规,被重新修订后颁布实施。历史地看,2006年后的投资者保护程度发生了重大变化,这可能对并购收益产生影响。所以,我们对并购事件是否发生在2006年后进行了控制。

如果收购方公司属于垄断行业,并购活动可能改变其市场势力和市场份额,对并购收益产生影响。所以,我们对收购方公司是否属于垄断行业进行了控制。

此外,为控制可能存在的内生性问题,我们加入并购双方地区经济发展程度差异 Gdp 作为控制变量。

测试变量和控制变量的定义如表3-1所示。

表3-1　测试变量和控制变量定义

变量名	变量定义	符号预期
地区投资者保护程度		
Pro1	收购方公司所在地投资者保护程度	?
Pro2	目标公司所在地投资者保护程度	?
Pro3	并购双方所在地投资者保护程度差异。使用目标公司所在地投资者保护程度减去收购方公司所在地投资者保护程度后的差值衡量	?
Pro4	并购双方所在地投资者保护程度差异哑变量。如果目标公司所在地投资者保护程度大于收购方公司所在地投资者保护程度,该变量取值为1,否则为0	?
Pro5	并购双方所在地投资者保护程度差异哑变量。如果目标公司所在地投资者保护程度大于中位数,而且收购方公司所在地投资者保护程度小于中位数,该变量取值为1,否则为0	?

变量名	变量定义	符号预期
控制变量		
Size	收购方公司的企业规模,用并购前一年总资产的自然对数衡量	−
Lev	收购方公司的负债水平,用并购前一年的资产负债率衡量	+
Grow	收购方公司的成长性,用并购前一年销售收入的增长率衡量	?
Cfo	收购方公司的自由现金流量水平,用并购前一年自由现金流量占总资产的比重衡量	−
Inde	独立董事人数,用并购前一年收购方公司独立董事人数占董事会人数比重衡量	+
Z	股权制衡度,用并购前一年收购方公司第一大股东持股比例与第二大股东持股比例的比重衡量	−
Vol	并购交易规模,用并购的股份占目标公司的股权比例衡量	?
Sind	同行业并购哑变量。如果并购双方处于相同行业,则取值为1,否则为0(使用证监会的行业分类标准,以行业分类代码的第一位为准,第一位为C的以前两位为准)	?
Stat	国有化哑变量。如果收购方公司为国有性质,目标公司为民营性质,则取值为1,否则为0	−
Pri	民营化哑变量。如果收购方公司为民营性质,目标公司为国有性质,则取值为1,否则为0	+
Year	年度哑变量。如果并购事件发生于2007年和2008年,则取值为1,否则为0	+
Ind	行业哑变量。如果收购方公司属于垄断行业,则取值为1,否则为0	−
Gdp	并购双方地区经济发展程度差异,使用并购双方各自所在地人均GDP自然对数的差值进行衡量	?

第三节 实证结果分析

一、异地并购样本地区分布

为分析异地并购样本的地区分布,我们按省(区、市)列示了收购方公司和目标公司的来源情况（见表 3-2）。来自北京、广东、江苏、上海、浙江的目标公司最多，分别占到样本量的 14%、12%、11%、7%、7%。来自境外的目标公司有 8 个，占到样本量的 5%①。黑龙江、新疆、海南、青海、西藏等省区未成为符合样本选择标准的异地并购的目标公司来源地。来自上海、广东、北京的收购方公司最多，分别占到样本量的 13%、13%、9%。同时，我们注意到，所有省（区、市），包括投资者保护程度弱的省份，均成为收购方公司的来源地，而且它们的异地并购多选择地处投资者保护程度高的地区的目标公司。例如，来自吉林省的收购方公司选择了地处上海、北京、辽宁的目标公司。同样的情况也存在于新疆、内蒙古、海南等省区。总体上，来自投资者保护程度强的地区的收购方公司多选择同样来自投资者保护程度强的地区的目标公司，来自投资者保护程度弱的地区的收购方公司也多选择来自投资者保护程度强的地区的目标公司。作为对比分析，我们在表 3-2 主对角线列示了基于同样筛选标准获得的各省（区、市）同地并购 140 个样本，投资者保护程度高的地区的同地并购更为活跃②。

　　进一步按地区投资者保护程度的中位数把异地并购样本作四方位图，表 3-3 显示在 152 个并购样本中，分别有 113 个收购方公司、111 个目标公司来自投资者保护强的地区，表明地区投资者保护程度越强，越容易发生并购。当收购方公司来自低于中位数的地区时，它们选择高于中位数地区的目标公司更多一些，当收购方公司来自高于中位数的地区时，它们选择高于中位数地区的目标公司也更多一些。

---

　　① 境外目标公司主要来自于中国香港、美国、日本等地，由于这些地区和国家投资者保护程度高于国内省份，在对其地区投资者保护程度赋值时按最高值赋值。

　　② 因为本书以非关联并购作为研究对象，所以异地并购样本略多于同地并购样本。在筛选样本的过程中，笔者也注意到关联并购事件更多的是同地并购。

表3-2 异地非关联并购样本购并本地区分布

（单位：个）

收购方公司所在地	目标公司所在地																																数量	比重(%)
	上海	广东	北京	浙江	天津	江苏	福建	辽宁	山东	黑龙江	新疆	四川	吉林	海南	内蒙古	河北	湖北	重庆	山西	河南	广西	湖南	安徽	江西	云南	陕西	宁夏	甘肃	青海	贵州	西藏	境外		
上海	11	2	3	2	2	5		1								1		2						1		1							20	0.13
广东	12	2	2	1		1	2		2			2			1	1						1			1	2				1	1	4	20	0.13
北京	1	3	8	1		2		1			1	2			1	1	1	1								1							13	0.09
浙江	2			14																												1	9	0.06
天津		1	1	1	5	1									1	2									1	1							4	0.03
江苏	2	1	1			14		1																								1	5	0.03
福建	2		2				13	1										1				1											6	0.04
辽宁	1	3	1	1		1	1	3							1												1						7	0.05
山东	1	1	1	1					8					1																			3	0.02
黑龙江					1	1				1	4		1																				2	0.01
新疆			1		1	2	1		1						1												1	1				1	6	0.04
四川	1		1						1			6																2					6	0.04

续表

目标公司所在地

收购方公司所在地	上海	广东	北京	浙江	天津	江苏	福建	辽宁	山东	黑龙江	新疆	四川	吉林	海南	内蒙古	河北	湖北	重庆	山西	河南	广西	湖南	安徽	江西	云南	陕西	宁夏	甘肃	青海	贵州	西藏	境外	数量	比重(%)
吉林	1	3						1					6																				5	0.03
海南	1		1	1	1									2																			5	0.03
内蒙古		1				1									0																		2	0.01
河北			2													1																	2	0.01
湖北		1	1	1		1									1		5		1	1													5	0.03
重庆		1	1															3								1							2	0.01
山西																	1		0														1	0.01
河南			1												1		1			2													2	0.01
广西	1		1																		4									1			3	0.02
湖南															1		1					5				1							4	0.03
安徽				1													1					5	5										4	0.03
江西				1																				1								1	1	0.01
云南		2																1					1	1	2								4	0.03

续表

收购方公司所在地	目标公司所在地																																数量	比重(%)
	上海	广东	北京	浙江	天津	江苏	福建	辽宁	山东	黑龙江	新疆	四川	吉林	海南	内蒙古	河北	湖北	重庆	山西	河南	广西	湖南	安徽	江西	云南	陕西	宁夏	甘肃	青海	贵州	西藏	境外		
陕西			1																														1	0.01
宁夏					1																						0	1					2	0.01
甘肃																										1							1	0.01
青海		2																												1			3	0.02
贵州																												2				0	2	0.01
西藏				1								1																			0	0	2	0.01
数量	10	18	22	10	4	16	3	5	3	0	0	5	1	0	6	3	7	5	1	1	1	2	1	1	1	8	2	5	0	3	0	8	152	
比重(%)	0.07	0.12	0.14	0.07	0.03	0.11	0.02	0.03	0.02	0.00	0.00	0.03	0.01	0.00	0.04	0.02	0.05	0.03	0.01	0.01	0.01	0.01	0.01	0.01	0.01	0.05	0.01	0.03	0.00	0.02	0.00	0.05		100

（异地并购）

表3-3　异地非关联并购样本地区分布

		目标方		
		低于中位数	高于中位数	合计
收购方	低于中位数	15	24	39
	高于中位数	26	87	113
	合计	41	111	152

二、公告日窗口期市场反应

如表3-4所示,在并购首次公告的若干窗口期中,收购方公司在并购首次公告日前后6个交易日的窗口期内均获得显著为正的累积超额收益率。其中,并购公告前1个交易日CAR($-1,0$)、并购公告后1个交易日CAR($0,1$)、并购公告前1个交易日到公告后3个交易日CAR($-1,3$)、并购公告前3个交易日到公告后1个交易日CAR($-3,1$)、并购公告前后1个交易日CAR($-1,1$)、并购公告前后2个交易日CAR($-2,2$)的累积超额收益率分别为0.02、0.01、0.02、0.02、0.02、0.02,分别在1%和5%水平下大于0。并购公告前后3—6个交易日的累积超额收益率也分别在5%、10%水平下大于0。收购方公司股价反应显著。

表3-4　并购公告的市场反应(N=152)

	均值	T值		均值	T值
CAR($-1,0$)	0.02***	3.94	CAR($-2,2$)	0.02***	3.54
CAR($0,1$)	0.01*	1.68	CAR($-3,3$)	0.02**	2.33
CAR($-1,3$)	0.02**	2.18	CAR($-4,4$)	0.02*	1.94
CAR($-3,1$)	0.02***	2.87	CAR($-5,5$)	0.02**	2.15
CAR($-1,1$)	0.02***	2.92	CAR($-6,6$)	0.02*	2.00

注: ***、**、* 分别表示显著性水平小于1%、5%、10%。

三、描述性统计

表 3-5 列示了因变量 CAR(-1,1)、测试变量的描述性统计。CAR(-1,1) 均值为 0.02,中位数为 0.01。收购方公司和目标公司所在地的投资者保护程度 Pro1、Pro2 均值分别为 3.97、4.35,相比之下,目标公司所在地投资者保护程度略高,目标公司多处于投资者保护程度高的地区。表 3-6 的控制变量描述性统计中,交易规模 Vol 均值和中位数分别为 53.34%、51%,表明非关联的异地并购多为控股收购。国有化样本均值为 0.36,民营化样本均值为 0.10,民营化样本少于国有化样本。Year 均值为 0.51,表明过半数的非关联异地并购发生在 2006 年后。

表 3-5　因变量和控制变量描述性统计(N=152)

	CAR(-1,1)	Pro1	Pro2	Pro3	Pro4	Pro5
均值	0.02	3.97	4.35	0.38	0.47	0.18
中位数	0.01	2.55	2.55	-0.04	0.00	0.00
标准差	0.07	3.45	3.64	5.29	0.50	0.38
最小值	-0.23	-0.27	0.05	-9.48	0.00	0.00
最大值	0.23	10.24	10.24	9.75	1.00	1.00

注:***、**、*分别表示显著性水平小于 1%、5%、10%。

表 3-6　控制变量描述性统计(N=152)

	Size	Lev	Grow	Cfo	Inde	Z	Vol	Sind	Stat	Pri	Year	Ind	Gdp
均值	11.45	0.53	0.32	0.06	0.35	18.15	53.34	0.43	0.36	0.10	0.51	0.05	0.08
中位数	11.50	0.51	0.20	0.08	0.33	3.94	51.00	0.00	0.00	0.00	1.00	0.00	0.12
标准差	1.21	0.33	0.68	0.17	0.08	40.07	31.77	0.50	0.48	0.30	0.50	0.21	0.88
最小值	6.52	0.07	-0.93	-0.65	0.00	1.03	3.00	0.00	0.00	0.00	0.00	0.00	-1.84
最大值	15.41	3.57	4.23	0.58	0.60	257.47	100.00	1.00	1.00	1.00	1.00	1.00	1.88

注:***、**、*分别表示显著性水平小于 1%、5%、10%。

因变量和测试变量的 Pearson 相关系数矩阵显示(见表 3-7),
Pro2、Pro3 与 CAR(-1,1)在 5%水平下正相关。由于 CAR(-1,1)显著
为正,双变量的相关关系初步显示,目标公司地区投资者保护程度越
高,收购方公司的并购收益越大;目标公司所在地投资者保护程度越高
于收购方公司,收购方公司的并购收益越大。各地区投资者保护程度
变量间存在显著相关关系,为避免可能存在的多重共线性,在回归分析
中依次放入这些变量。表 3-8 显示,在控制变量中,负债率 Lev 与
CAR(-1,1)在 10%水平下正相关,国有化 Stat、民营化 Pri 与 CAR(-1,
1)在 10%水平下分别负相关和正相关,年度哑变量 Year 与 CAR(-1,
1)在 5%水平下正相关,股权制衡度 Z 与 CAR(-1,1)在 10%水平下负
相关,并购双方经济发展程度差异 Gdp 与 CAR(-1,1)在 10%水平下
正相关。

表 3-7　因变量与测试变量相关系数矩阵(N=152)

	CAR(-1,1)	Pro1	Pro2	Pro3	Pro4	Pro5
Car(-1,1)						
Pro1	-0.10					
Pro2	0.20 **	-0.11				
Pro3	0.20 **	-0.73 ***	0.76 ***			
Pro4	0.09	-0.58 ***	0.57 ***	0.77 ***		
Pro5	0.05	-0.37 ***	0.18 **	0.37 ***	0.49 **	

注:***、**、* 分别表示显著性水平小于 1%、5%、10%。

表 3-8　控制变量与因变量、测试变量相关系数矩阵(N=152)

	CAR(-1,1)	Pro1	Pro2	Pro3	Pro4	Pro5
Size	-0.02	0.17 **	-0.08	-0.17 **	-0.20 **	-0.23 **
Lev	0.16 *	-0.06	-0.07	-0.01	-0.12	-0.08
Grow	-0.04	-0.06	-0.06	0.00	-0.01	0.04

	CAR(−1,1)	Pro1	Pro2	Pro3	Pro4	Pro5
Cfo	−0.04	−0.08	0.00	0.05	0.02	−0.08
Vol	−0.03	−0.04	−0.18**	−0.10	−0.04	−0.02
Sind	−0.12	−0.07	−0.06	0.00	−0.09	0.02
Stat	−0.16*	0.03	0.02	0.00	0.09	0.04
Pri	0.14*	−0.11	−0.16**	−0.04	−0.13	−0.10
Year	0.20**	−0.03	−0.08	−0.04	−0.17**	0.01
Ind	0.00	0.11	0.01	−0.07	−0.08	−0.02
Inde	0.07	−0.06	−0.02	0.03	−0.01	0.08
Z	−0.14*	0.23***	−0.06	−0.19**	−0.03	−0.07
Gdp	0.04*	−0.59*	0.53**	0.58***	0.55***	0.45***

注：***、**、*分别表示显著性水平小于1%、5%、10%。

四、多元回归分析

我们以 CAR(−1,1) 为因变量,分别对并购双方所在地投资者保护程度、并购双方所在地投资者保护程度差异与收购方并购收益进行了多元回归分析。

表3-9显示,对全部样本进行的回归中,收购方公司所在地的地区投资者保护程度并未与超额累积收益率存在显著相关关系,Pro1系数为0.003,P值为0.53;目标公司所在地的地区投资者保护程度Pro2与超额累积收益率在10%水平下显著正相关,系数为0.003,P值为0.07。目标公司所在地投资者保护程度越高,收购方公司所获得的并购收益越大。控制变量方面,负债率、私有化、年度哑变量显著为正,表明负债具有治理约束作用;私有化带来效率提高;2006年后制度环境的改善有利于带来并购收益。D—W值在2附近,表明没有一阶自相关。

表 3-9　投资者保护程度与收购方并购收益（全样本）

自变量 ＼ 因变量	CAR(−1,1)	
	全样本	全样本
C	0.17 (0.42)	0.04 (0.67)
Pro1	0.003 (0.53)	
Pro2		0.003* (0.07)
Size	−0.01 (0.19)	−0.01 (0.22)
Lev	0.03* (0.06)	0.03** (0.05)
Grow	−0.00 (0.47)	−0.00 (0.49)
Cfo	−0.03 (0.42)	−0.02 (0.46)
Inde	0.02 (0.84)	0.01 (0.90)
Z	−0.00 (0.25)	−0.00 (0.35)
Vol	−0.00 (0.75)	−0.00 (0.94)
Sind	−0.01 (0.26)	−0.01 (0.49)
Stat	−0.01 (0.39)	−0.01 (0.27)
Pri	0.03 (0.16)	0.03* (0.10)
Year	0.02** (0.06)	0.02** (0.04)
Ind	0.01 (0.77)	0.00 (0.92)
Gdp	−0.01 (0.60)	0.00 (0.94)
N	152	152

续表

自变量 ＼ 因变量	CAR(-1,1)	
	全样本	全样本
Adj.R^2	0.04	0.06
F-value	1.51	1.87*
D-W	1.89	1.93

注:括号内为 P 值。$***$、$**$、$*$ 分别表示在 1%、5%、10%水平下显著。

表 3-10 中,我们按企业性质划分子样本组。在民营上市公司作为收购方的样本中,收购方公司所在地的地区投资者保护程度并未与累积超额收益率存在显著相关关系,Pro1 系数为 0,P 值为 0.78,Pro2 系数为 0.01,P 值为 0.04。目标公司所在地的地区投资者保护程度与累积超额收益率在 5%水平下显著正相关。而且,模型拟合优度较好,F 值分别为 1.74、2.02,表明变量间的线性关系在 5%、10%水平下显著。所以,目标公司地区投资者保护是影响民营上市公司并购收益的重要因素。在地方国企、央企作为收购方的样本中,并购双方地区投资者保护程度并未对收购方公司累积超额收益率产生显著影响。控制变量方面,地方国企规模显著负相关,表明企业规模越大,越可能进行溢价收购,吻合过度自信假说。央企样本的国有化变量显著负相关,表明市场并不认可民企的国有化。

表 3-10 投资者保护程度与收购方并购收益(子样本组)

自变量 ＼ 因变量	CAR(-1,1)					
	民企		地方国企		央企	
C	0.09 (0.80)	-0.10 (0.52)	0.48 (0.24)	0.05 (0.73)	0.03 (0.92)	0.01 (0.93)
Pro1	0.00 (0.78)		0.01 (0.26)		0.00 (0.97)	
Pro2		0.01** (0.04)		-0.00 (0.94)		0.00 (0.23)

续表

自变量 \ 因变量	CAR(−1,1)					
	民企		地方国企		央企	
Size	0.01 (0.37)	0.01 (0.39)	−0.03** (0.02)	−0.02** (0.04)	0.00 (0.90)	0.00 (0.89)
Lev	0.02 (0.44)	0.02 (0.32)	0.20*** (0.00)	0.19*** (0.00)	−0.03 (0.63)	−0.02 (0.66)
Grow	−0.02 (0.24)	−0.01 (0.40)	−0.01 (0.62)	−0.01 (0.36)	−0.01* (0.10)	−0.01* (0.10)
Cfo	0.01 (0.86)	0.02 (0.72)	0.04 (0.60)	0.05 (0.56)	−0.05 (0.32)	−0.04 (0.39)
Inde	0.20 (0.13)	0.23* (0.07)	−0.04 (0.73)	−0.01 (0.92)	0.02 (0.88)	0.04 (0.76)
Z	−0.00 (0.69)	−0.00 (0.65)	−0.00 (0.39)	−0.00 (0.41)	0.00 (0.54)	0.00 (0.47)
Vol	−0.00** (0.01)	−0.00*** (0.00)	0.00** (0.03)	0.00** (0.02)	0.00 (0.50)	0.00 (0.33)
Sind	−0.02 (0.35)	−0.01 (0.49)	−0.02 (0.32)	−0.02 (0.45)	−0.02 (0.20)	−0.02 (0.21)
Stat			−0.01 (0.59)	−0.01 (0.67)	−0.04* (0.06)	−0.03* (0.08)
Pri	0.02 (0.38)	0.03 (0.16)				
Year	0.05** (0.01)	0.05** (0.01)	0.03 (0.19)	0.02 (0.25)	0.02 (0.23)	0.02 (0.16)
Ind	−0.05 (0.27)	−0.04 (0.41)	0.01 (0.93)	0.01 (0.91)	0.01 (0.77)	0.01 (0.73)
Gdp	−0.02 (0.58)	−0.01 (0.65)	−0.04 (0.40)	0.01 (0.44)	−0.00 (0.99)	−0.00 (0.86)
N	63	63	65	65	24	24
Adj.R^2	0.13	0.19	0.04	0.02	0.22	0.32
F−value	1.74*	2.20**	1.24	1.12	1.56	1.88
D−W	1.86	1.98	1.83	1.82	2.11	2.15

注:括号内为 P 值。***、**、* 分别表示显著性水平小于 1%、5%、10%。

表 3-11 显示,对全部样本进行的回归中,当目标公司所在地的地区投资者保护程度大于收购方公司所在地的投资者保护程度时,收购方公司获得的并购收益越大,Pro3 的系数为 0.004,P 值为 0.00,与累积超额收益率在 1% 水平下正相关。而且,当目标公司所在地的地区投资者保护程度越高于收购方公司时,收购方公司的并购收益越大,Pro4 的系数为 0.03,P 值为 0.03,与累积超额收益率在 10% 水平下显著正相关。

表 3-11　投资者保护程度差异与收购方并购收益(全样本)

自变量 \ 因变量	CAR(-1,1)		
	全样本	全样本	全样本
C	-0.12 (0.28)	-0.09 (0.43)	0.02 (0.83)
Pro3	0.004*** (0.00)		
Pro4		0.03* (0.03)	
Pro5			0.01 (0.52)
Size	-0.01 (0.20)	-0.01 (0.19)	-0.01 (0.24)
Lev	0.03* (0.06)	0.04** (0.03)	0.03* (0.06)
Grow	-0.00 (0.54)	-0.00 (0.61)	-0.01 (0.42)
Cfo	-0.03 (0.39)	-0.02 (0.47)	-0.02 (0.47)
Inde	0.02 (0.82)	0.02 (0.74)	0.02 (0.83)
Z	-0.00 (0.38)	-0.00 (0.19)	-0.00 (0.24)
Vol	0.00 (0.75)	-0.00 (0.90)	-0.00 (0.82)

续表

因变量＼自变量	CAR(−1,1)		
	全样本	全样本	全样本
Sind	−0.01 (0.39)	−0.01 (0.59)	−0.01 (0.32)
Stat	−0.01 (0.28)	−0.01 (0.26)	−0.01 (0.32)
Pri	0.03* (0.07)	0.03* (0.07)	0.03 (0.12)
Year	0.02** (0.04)	0.02** (0.02)	0.02* (0.05)
Ind	0.01 (0.68)	0.01 (0.75)	0.00 (0.88)
Gdp	0.02* (0.07)	0.01 (0.17)	0.00 (0.65)
N	152	152	152
Adj.R^2	0.09	0.07	0.04
F-value	2.17**	1.85**	1.52
D-W	1.93	1.89	1.87

注:括号内为 P 值。***、**、* 分别表示显著性水平小于 1%、5%、10%。

　　按收购方公司企业性质划分子样本组进行分组检验,如表 3-12 所示。在民营上市公司作为收购方的样本组中,当目标公司所在地的地区投资者保护程度大于收购方公司所在地的投资者保护程度时,收购方公司获得的并购收益越大,Pro3 系数为 0.004,P 值为 0.07,与累积超额收益率在 10%水平下正相关。而且,当目标公司所在地的地区投资者保护程度越高于收购方公司时,收购方公司的并购收益越大,Pro4、Pro5 系数分别为 0.04、0.05,P 值分别为 0.04、0.09,与累积超额收益率分别在 5%、10%水平下显著正相关。控制变量方面,独立董事比例和年度哑变量显著为正,表明独立董事发挥了治理作用,制度环境的改善有利于带来并购收益。

表 3-12　投资者保护程度差异与收购方并购收益(民企样本)

自变量＼因变量	CAR(-1,1)		
	民企		
C	-0.16 (0.35)	-0.23 (0.21)	-0.23 (0.26)
Pro3	0.004* (0.07)		
Pro4		0.04** (0.04)	
Pro5			0.05* (0.09)
Size	0.004 (0.60)	0.01 (0.48)	0.01 (0.27)
Lev	0.02 (0.31)	0.02 (0.24)	0.02 (0.42)
Grow	-0.01 (0.52)	-0.01 (0.53)	-0.01 (0.34)
Cfo	0.01 (0.85)	0.02 (0.67)	0.03 (0.48)
Inde	0.22* (0.09)	0.24* (0.06)	0.26* (0.05)
Z	-0.00 (0.54)	-0.00 (0.38)	-0.00 (0.54)
Vol	-0.00** (0.03)	-0.00** (0.02)	-0.00*** (0.00)
Sind	-0.02 (0.37)	-0.01 (0.52)	-0.02 (0.28)
Pri	0.03 (0.15)	0.03 (0.14)	0.03 (0.18)
Year	0.04** (0.02)	0.05*** (0.00)	0.04** (0.02)
Ind	-0.04 (0.43)	-0.03 (0.52)	-0.04 (0.33)
Gdp	0.01 (0.70)	0.01 (0.60)	0.01 (0.68)
N	63	63	63

自变量 \ 因变量	CAR(-1,1)		
	民企		
Adj.R^2	0.18	0.19	0.17
F-value	2.11**	2.20**	2.03**
D-W	1.86	1.83	1.89

注:括号内为 P 值。***、**、* 分别表示显著性水平小于 1%、5%、10%。

如表 3-13 所示,在地方国企、央企作为收购方的样本组中,并购双方地区投资者保护程度差异并未对收购方公司的累积超额收益率产生显著影响。

表 3-13 投资者保护程度差异与收购方并购收益(国企样本)

自变量 \ 因变量	CAR(-1,1)					
	地方国企			央企		
C	-0.03 (0.86)	-0.05 (0.82)	0.06 (0.73)	-0.07 (0.71)	0.02 (0.88)	0.04 (0.78)
Pro3	0.002 (0.29)			0.00 (0.57)		
Pro4		0.02 (0.43)			-0.002 (0.94)	
Pro5			-0.00 (0.92)			-0.03 (0.43)
Size	-0.02** (0.04)	-0.02* (0.05)	-0.02** (0.04)	0.004 (0.70)	0.00 (0.94)	0.00 (0.81)
Lev	0.18** (0.01)	0.19** (0.01)	0.19** (0.01)	-0.04 (0.53)	-0.03 (0.66)	-0.03 (0.63)
Grow	-0.01 (0.40)	-0.01 (0.40)	-0.01 (0.35)	-0.01* (0.08)	-0.01* (0.09)	-0.02* (0.07)
Cfo	0.03 (0.74)	0.04 (0.61)	0.05 (0.56)	-0.05 (0.30)	-0.05 (0.32)	-0.05 (0.27)
Inde	-0.03 (0.81)	-0.01 (0.90)	-0.01 (0.92)	0.05 (0.75)	0.02 (0.90)	0.04 (0.77)

续表

自变量 \ 因变量	CAR(-1,1)					
	地方国企			央企		
Z	-0.00 (0.55)	-0.00 (0.38)	-0.00 (0.41)	0.00 (0.73)	0.00 (0.55)	0.00 (0.71)
Vol	0.001** (0.01)	0.00** (0.02)	0.00** (0.02)	0.00 (0.42)	0.00 (0.52)	0.00 (0.57)
Sind	-0.02 (0.44)	-0.01 (0.57)	-0.01 (0.45)	-0.03 (0.18)	-0.02 (0.20)	-0.03 (0.14)
Stat	-0.02 (0.41)	-0.01 (0.51)	-0.01 (0.64)	-0.03* (0.10)	-0.04* (0.08)	-0.03* (0.09)
Year	0.03 (0.21)	0.02 (0.26)	0.02 (0.26)	0.02 (0.36)	0.02 (0.23)	0.02 (0.31)
Ind	0.01 (0.85)	0.01 (0.90)	0.01 (0.90)	0.01 (0.84)	0.01 (0.76)	0.01 (0.71)
Gdp	0.02 (0.22)	0.02 (0.27)	0.01 (0.48)	0.01 (0.68)	0.00 (0.94)	-0.00 (0.86)
N	65	65	65	24	24	24
Adj.R^2	0.04	0.03	0.02	0.24	0.23	0.27
F-value	1.23	1.18	1.12	1.63	1.57	1.71
D-W	1.75	1.69	1.61	2.19	2.09	2.11

注:括号内为 P 值。***、**、* 分别表示显著性水平小于 1%、5%、10%。

根据表 3-9 至表 3-13 的回归结果,我国上市公司并购活动并不存在公司治理外溢效应带来的协同效应。

进一步地,研究样本中,收购方均为上市公司,目标公司均为非上市公司。这意味着:第一,上市公司面临来自资本市场日益严格的监管。表 3-9 至表 3-13 全样本和民营上市公司样本中,年度哑变量 Year 均与累积超额收益率显著正相关,这表明随着资本市场基础制度和运行机制的变革,以及会计信息披露体系、资本市场监管法律法规的健全,作为收购方的上市公司面临的外部治理环境得到改善和加强,并且从并购活动中获得的收益增加。第二,由于需要接受来自资本市场的诸多监管要求,上市公司的公司治理水平高于非上市公司。一方面,资本市场推动上市公司建立公司治理机制,上市公司普遍建立了股东大会、董事会和监事会框架。为进一步完善上市公司治理结构,促进上市公司规范运作,中国证监会于 2001 年 8 月发布《关于在上市公司建立独立董事制度的指导意见》,上市公司引入独立董事制度。上市公司独立董事不在公司担任除董事外的其他职务,并与其所受聘的上市公司及其主要股东不存在可能妨碍其进行独立、客观判断的关系,独立董事对上市公司及股东负有诚信与勤勉义务。全样本和民营上市公司样本中,独立董事 Inde 与累积超额收益率显著正相关。另一方面,中国证监会对上市公司信息披露进行了持续和较全面的规范,包括 2001 年《企业会计准则》、《企业会计制度》和 2006 年新的《企业会计准则》的出台。并且,为了配合新的《公司法》、《证券法》对上市公司信息披露提出的更高要求,以及适应股权分置改革后新形势对上市公司监管的要求,2007 年 2 月颁布的《上市公司信息披露管理》进一步完善信息披露规则和监管流程,提高上市公司信息披露质量及监管的有效性。所以,作为收购方的上市公司不需要通过异地并购收购地处投资保护程度高的地区的非上市目标公司,以期获得公司治理结构的改善。换言之,公司治理的拔靴效应并不是我国上市公司实施异地并购的动因。第三,要实现公司治理的外溢效应或拔靴效应带来的协同效应,需要依赖并购后目标公司或收购方公司所遵循的法律条文发生调整和改变,改变公司面临的外部治理环境,最终改变公司治理水平。然而,我国上市公司异地并购中并不具备这些条件。

上述研究表明,我国上市公司并购活动中,收购方公司更多出于降低并购活动的交易成本、减少并购活动面临的市场摩擦的动机,选择地处投资者保护程度更高的目标公司实施并购,目标公司的地区投资者保护程度、并购双方地区投资者保护程度的差异带来收购方公司并购收益并购活动中交易成本和市场摩擦的下降成为并购协同效应的一个来源。

五、稳健性检验

第一,使用其他的地区投资者保护程度代理变量。一是使用各地区信任程度作为投资者保护的代理变量。经济学家倾向于认为所谓市场经济的道德基础最重要的是信誉或信任,信任往往是人们理性选择的结果,在重复博弈中,人们追求长期利益会导致信任的逐渐产生和形成(克莱因,1992)。人与人之间的信任可以建立彼此诚实守信合作行为的预期,减少不确定性,减少在陌生环境下互相欺骗行为的发生,最终促进合作行为的产生。而且,诚信可以减少契约执行过程中的机会主义行为和道德风险,从而使契约得到有效的履行。所以,信任程度越高的地区,对投资者的保护程度越强。各地区信任程度来自张维迎和柯荣住(2002)的各地区守信情况调查。各地区信任程度是编制者委托"中国企业家调查系统"2000年对全国进行问卷调查后对数据进行分析整理形成的,信任度的测度根据总样本中有多少比例的人认为该地区最值得信任(以及第二信任、第三信任等等)来确定。二是使用《中国市场化指数——各地区市场化相对进程2006年报告》中的二级指标"市场中介发育程度"、基础指标"律师人数与当地人口的比例"作为地区投资者保护的代理变量(潘越等,2009),这两个指标反映了各地区法律执行效率。三是使用世界银行对我国120个城市投资环境的调查情况(余明桂和潘红波,2008)。该报告发现我国东南沿海和环渤海地区的投资环境较好,市场交易成本较低,表现为投资者、企业与政府打交道天数更少,对法庭信任程度更强,政府办事效率更高等,我们以是否位于东南沿海和环渤海地区作为地区投资者保护的代理变量。

表3-14至表3-17根据市场中介发育程度、律师人数与当地人口的比例、地区信任程度、东南沿海和环渤海地区四个代理变量对民营上市公司的并购收益进行了回归分析。目标公司所在地投资者保护程度越高,收购方公司并购收益越大。表3-14中,目标公司所在地,市场中介发育程度Pro2系数为0.005,P值为0.03,并购双方所在地市场中介发育程度的差异Pro3系数为0.004,P值为0.06。

表 3-14　投资者保护及其差异与民营上市公司并购收益
（市场中介发育程度为代理变量）

因变量 自变量	CAR(−1,1)			
	民企样本			
C	−0.05 (0.74)	−0.17 (0.32)	−0.19 (0.32)	−0.17 (0.37)
Pro2	0.005** (0.03)			
Pro3		0.004* (0.06)		
Pro4			0.03 (0.11)	
Pro5				0.03 (0.16)
Size	0.005 (0.53)	0.004 (0.61)	0.01 (0.36)	0.01 (0.31)
Lev	0.02 (0.31)	0.02 (0.31)	0.02 (0.28)	0.02 (0.35)
Grow	−0.01 (0.57)	−0.01 (0.56)	−0.01 (0.38)	−0.01 (0.28)
Cfo	0.02 (0.69)	0.01 (0.86)	0.01 (0.84)	0.02 (0.64)
Inde	0.22* (0.08)	0.22* (0.09)	0.25* (0.06)	0.24* (0.07)
Z	−0.00 (0.71)	−0.00 (0.59)	−0.00 (0.54)	−0.00 (0.66)
Vol	−0.00** (0.03)	−0.00** (0.03)	−0.00** (0.01)	−0.00** (0.01)
Sind	−0.02 (0.31)	−0.02 (0.33)	−0.01 (0.40)	−0.01 (0.41)
Priv	0.03 (0.12)	0.03 (0.13)	0.03 (0.18)	0.02 (0.34)
Year	0.04** (0.02)	0.04** (0.02)	0.05*** (0.00)	0.05** (0.01)
Ind	−0.04 (0.41)	−0.04 (0.39)	−0.03 (0.49)	−0.04 (0.36)

续表

自变量＼因变量	CAR(-1,1)			
	民企样本			
Gdp	-0.01 (0.55)	0.01 (0.65)	0.00 (0.83)	0.00 (0.86)
N	63	63	63	63
Adj.R^2	0.19	0.19	0.17	0.16
F	2.24**	2.14**	2.01**	1.96**
D-W	1.88	1.85	1.85	1.87
备注	市场中介发育程度			

注:括号内为P值。***、**、*分别表示显著性水平小于1%、5%、10%。

表3-15中,目标公司所在地的律师占人口比Pro2与累积超额收益率的系数为0.004,P值为0.06,并购双方所在地的律师占人口比Pro3与累积超额收益率的系数为0.003,P值为0.09。

表3-15 投资者保护及其差异与民营上市公司并购收益
(律师占当地人口比为代理变量)

自变量＼因变量	CAR(-1,1)			
	民企样本			
C	-0.04 (0.80)	-0.15 (0.39)	-0.07 (0.71)	-0.23 (0.26)
Pro2	0.004* (0.06)			
Pro3		0.003* (0.09)		
Pro4			0.01 (0.14)	
Pro5				0.05* (0.10)
Size	0.01 (0.52)	0.004 (0.59)	0.01 (0.40)	0.01 (0.27)

续表

因变量\自变量	CAR(-1,1)			
	民企样本			
Lev	0.02 (0.32)	0.02 (0.31)	0.02 (0.38)	0.02 (0.42)
Grow	-0.01 (0.47)	-0.01 (0.48)	-0.01 (0.28)	-0.01 (0.34)
Cfo	0.02 (0.70)	0.01 (0.84)	0.01 (0.83)	0.03 (0.48)
Inde	0.22* (0.08)	0.21* (0.09)	0.22* (0.10)	0.26* (0.05)
Z	-0.00 (0.62)	-0.00 (0.50)	-0.00 (0.58)	-0.00 (0.54)
Vol	-0.00** (0.03)	-0.00** (0.03)	-0.00** (0.02)	-0.00*** (0.00)
Sind	-0.02 (0.37)	-0.01 (0.40)	-0.01 (0.42)	-0.02 (0.28)
Priv	0.03 (0.16)	0.03 (0.17)	0.02 (0.30)	0.03 (0.18)
Year	0.04** (0.01)	0.04** (0.02)	0.05*** (0.00)	0.04** (0.02)
Ind	-0.04 (0.38)	-0.03 (0.46)	-0.04 (0.35)	-0.04 (0.33)
Gdp	-0.01 (0.51)	0.005 (0.76)	-0.01 (0.74)	0.01 (0.68)
N	63	63	63	63
Adj.R^2	0.18	0.18	0.13	0.17
F	2.12**	2.06**	1.78*	2.03**
D-W	1.81	1.78	1.80	1.89
备注	律师占当地人口比			

注:括号内为 P 值。***、**、* 分别表示显著性水平小于 1%、5%、10%。

表 3-16 中,目标公司所在地信任程度系数为 0.02,P 值为 0.04,并购双方所在地信任程度差异 Pro3 系数为 0.01,P 值为 0.09。

表 3-16　投资者保护及其差异与民营上市公司并购收益
（信任程度为代理变量）

自变量＼因变量	CAR(-1,1)			
	民企样本			
C	-0.11 (0.49)	-0.22 (0.28)	-0.16 (0.40)	-0.08 (0.67)
Pro2	0.02** (0.04)			
Pro3		0.01* (0.09)		
Pro4			0.03 (0.14)	
Pro5				0.02 (0.19)
Size	0.01 (0.52)	0.01 (0.38)	0.01 (0.43)	0.01 (0.30)
Lev	0.02 (0.32)	0.02 (0.35)	0.02 (0.35)	0.02 (0.39)
Grow	-0.01 (0.45)	-0.01 (0.32)	-0.01 (0.28)	-0.01 (0.26)
Cfo	0.02 (0.66)	0.02 (0.71)	0.01 (0.85)	0.01 (0.83)
Inde	0.23* (0.07)	0.24* (0.06)	0.24* (0.07)	0.22* (0.10)
Z	-0.00 (0.70)	-0.00 (0.77)	-0.00 (0.82)	-0.00 (0.65)
Vol	-0.00*** (0.00)	-0.00** (0.01)	-0.00** (0.01)	-0.00** (0.01)
Sind	-0.01 (0.46)	-0.01 (0.48)	-0.02 (0.37)	-0.02 (0.35)
Priv	0.03 (0.19)	0.02 (0.26)	0.02 (0.40)	0.02 (0.33)
Year	0.04** (0.01)	0.05*** (0.00)	0.05*** (0.00)	0.05** (0.01)

续表

自变量 ＼ 因变量	CAR(-1,1)			
	民企样本			
Ind	-0.03 (0.48)	-0.04 (0.36)	-0.05 (0.23)	-0.05 (0.30)
Gdp	-0.01 (0.64)	0.01 (0.63)	0.00 (0.89)	-0.01 (0.73)
N	63	63	63	63
Adj.R^2	0.20	0.17	0.16	0.13
F	2.22**	2.00**	1.92**	1.78*
D-W	1.87	1.90	1.86	1.85
备注	信任程度			

注:括号内为 P 值。***、**、* 分别表示显著性水平小于 1%、5%、10%。

表3-17　投资者保护及其差异与民营上市公司并购收益
（东南沿海环渤海地区为代理变量）

自变量 ＼ 因变量	CAR(-1,1)	
	民企样本	
C	-0.04 (0.80)	-0.01 (0.95)
Pro2	0.02 (0.16)	
Pro5		0.001 (0.54)
Size	0.01 (0.51)	0.01 (0.35)
Lev	0.02 (0.40)	0.02 (0.44)
Grow	-0.01 (0.34)	-0.02 (0.24)
Cfo	0.02 (0.68)	0.01 (0.85)

续表

自变量 \ 因变量	CAR(−1,1)	
	民企样本	
Inde	0.20 (0.12)	0.20 (0.13)
Z	−0.00 (0.73)	−0.00 (0.69)
Vol	−0.00*** (0.00)	−0.00** (0.01)
Sind	−0.01 (0.55)	−0.02 (0.36)
Priv	0.02 (0.27)	0.02 (0.36)
Year	0.05*** (0.00)	0.05** (0.01)
Ind	−0.04 (0.43)	−0.05 (0.27)
Gdp	−0.01 (0.59)	−0.01 (0.54)
N	63	63
Adj.R^2	0.16	0.13
F	1.96**	1.74*
D−W	1.90	1.82
备注	东南沿海环渤海地区	

注:括号内为 P 值。***、**、* 分别表示显著性水平小于 1%、5%、10%。

第二,加入同样标准筛选的非关联同地并购作为分析对象,以是否选择异地并购为因变量,使用 Logistic 回归分析地区投资者保护程度与同异地并购的关系。回归分析表明,在全样本和民营企业样本中,目标公司所在地投资者保护程度越高,越倾向于发生异地并购,Pro2 的系数分别为 0.11、0.15,P 值分别为 0.00、0.03(见表3−18)。这从不同角度支持了并购交易成本、市场摩擦影响异地并购的协同效应。

表 3-18　目标公司地区投资者保护程度与同异地并购选择

因变量 / 自变量	CAR(-1,1)			
	全样本	民企	地方国企	央企
C	-0.09 (0.96)	7.48* (0.09)	-3.09 (0.41)	-25.47 (0.15)
Pro2	0.11*** (0.00)	0.15** (0.03)	0.12 (0.17)	-0.35 (0.18)
Size	-0.00 (0.97)	-0.20 (0.36)	0.40 (0.11)	1.18 (0.27)
Lev	-0.21 (0.68)	1.00 (0.22)	-4.06** (0.01)	-13.42** (0.04)
Grow	0.16 (0.43)	0.19 (0.58)	-0.13 (0.69)	5.38* (0.09)
Cfo	0.60 (0.47)	-1.61 (0.21)	3.99** (0.02)	14.41* (0.09)
Inde	0.86 (0.63)	0.74 (0.83)	0.31 (0.90)	-14.49 (0.43)
Z	-0.002 (0.53)	0.01 (0.51)	-0.003 (0.41)	0.003 (0.92)
Vol	0.01* (0.09)	0.004 (0.55)	0.02*** (0.00)	-0.11** (0.04)
Sind	0.07 (0.79)	-0.22 (0.61)	0.04 (0.91)	4.65* (0.08)
Stat	-0.06 (0.80)		0.41 (0.31)	-0.47 (0.74)
Priv	0.55 (0.24)	(0.50) 0.35		
Year	-0.20 (0.42)	-0.38 0.38	-0.04 (0.93)	2.82 (0.16)
Ind	-0.33 (0.55)	-0.00 (0.47)	-1.09 (0.24)	-2.16 (0.51)
Gdp	-0.07 (0.73)	-0.66* (0.09)	-0.19 (0.58)	2.58* (0.09)
N	292	108	146	38
McFadden R^2	0.04	0.18	0.13	0.53

注:括号内为 P 值。***、**、* 分别表示显著性水平小于 1%、5%、10%。

第三,政府与市场的关系,诸如政府在配置资源中所起的作用、政府对企业的干预程度等,可能是产生市场摩擦和交易成本的来源。如果收购方公司所在地的政府与市场关系较好,市场在资源配置中的比重更高,政府对企业的干预程度更小,可能收购方公司为了节约并购交易成本而实施异地并购的动机越小,这将从另一个角度为地区投资者保护、并购的交易成本效应与异地并购的协同效应提供支持。表3-19对地区政府市场关系与收购方公司是否选择异地并购进行了 Logistic 回归分析,政府与市场关系(Gov)数据来自《中国市场化指数——各地区市场化相对进程 2006 年报告》。回归结果显示,收购方公司所在地政府与市场关系越好,收购方公司越不会选择异地并购,Gov 的系数在全样本和民企中分别为-0.30、-0.49,P 值分别为 0.00、0.00,均在 1%水平下为负。

表3-19　政府市场关系与异地并购选择

自变量＼因变量	CAR(-1,1)			
	全样本	民企	地方国企	央企
C	-1.96 (0.39)	4.95 (0.26)	-6.40* (0.08)	-23.53 (0.32)
Gov	-0.30*** (0.00)	-0.49*** (0.00)	-0.10 (0.56)	-1.22 (0.17)
Size	-0.05 (0.70)	-0.17 (0.43)	0.38 (0.14)	0.60 (0.68)
Lev	-0.23 (0.66)	0.96 (0.24)	-4.01** (0.01)	-12.24* (0.06)
Grow	0.09 (0.66)	0.15 (0.64)	-0.53 (0.18)	5.06 (0.17)
Cfo	0.64 (0.45)	-1.79 (0.15)	5.01*** (0.00)	13.18 (0.19)
Inde	1.02 (0.57)	0.83 (0.81)	1.48 (0.57)	-15.58 0.52
Z	-0.002 (0.52)	0.01 (0.61)	-0.00 (0.48)	(0.01) (0.92)

续表

因变量 自变量	CAR(-1,1)			
	全样本	民企	地方国企	央企
Vol	0.005 (0.23)	0.00 (0.73)	0.02** (0.01)	-0.12* (0.09)
Sind	0.13 (0.60)	-0.11 (0.79)	0.08 (0.85)	5.46* (0.06)
Stat	-0.10 (0.69)		0.56 (0.16)	0.46 (0.75)
Priv	0.41 (0.38)	(0.23) 0.65		
Year	-0.20 (0.43)	-0.47 (0.27)	-0.04 (0.91)	4.24 (0.14)
Ind	-0.38 (0.49)	-0.04 (0.41)	-0.96 (0.31)	-1.91 (0.74)
Gdp	0.47** (0.04)	0.27 (0.53)	0.60* (0.09)	3.81* (0.06)
N	292	108	146	38
McFadden R^2	0.04	0.05	0.16	0.54

注:括号内为 P 值。***、**、* 分别表示显著性水平小于 1%、5%、10%。

第四,加入同样标准筛选的非关联同地并购作为分析对象,对同异地并购的累积超额收益率进行统计检验。相比于地区投资者保护程度低的地区的同地并购,如果地区投资者保护程度低的地区的收购方并购地区投资者保护程度高的地区的目标公司,能够获得更大的并购收益,这将从另一角度支持异地并购中存在协同效应。以地区投资者保护程度低的地区的收购方并购地区投资者保护程度高的地区的目标公司的异地并购、地区投资者保护程度低的地区的同地并购为对比分析对象,表3-20对并购公告日若干个窗口期的累积超额收益率进行了均值的差异分析。均值检验表明,在民营上市公司作为收购方的样本中,差异是显著的,在地方国企和央企作为收购方的样本中,不存在显著差异。

表 3-20　同异地并购累积超额收益率均值差异分析

	同地并购	异地并购	均值差异分析	
	均值	均值	均值差异	T 值
CAR(−1,0)	0.01	0.00	0.06**	2.42
CAR(0,1)	0.01	0.00	0.04*	1.88
CAR(−1,3)	0.03	−0.01	0.11**	2.38
CAR(−3,1)	0.02	0.00	0.10***	3.55
CAR(−1,1)	0.02	0.00	0.08**	2.62
CAR(−2,2)	0.03	0.00	0.11***	3.34
CAR(−3,3)	0.02	−0.01	0.13**	3.02
CAR(−4,4)	0.02	0.00	0.15**	2.59
CAR(−5,5)	0.02	0.00	0.15**	2.62
CAR(−6,6)	0.03	0.01	0.17**	2.93
CAR(−7,7)	0.03	0.03	0.17**	2.76
CAR(−8,8)	0.08	0.04	0.14*	1.90
CAR(−9,9)	0.09	0.05	0.14	1.71
CAR(−10,10)	0.08	0.05	0.13	1.51

注：***、**、* 分别表示显著性水平小于 1%、5%、10%。

表 3-21　同异地并购累积超额收益率中位数差异分析

	同地并购	异地并购	均值差异分析	
	中位数	中位数	中位数差异	Z 值
CAR(−1,0)	0.01	−0.01	0.02**	2.041
CAR(0,1)	0.00	0.00	0.00	1.209
CAR(−1,3)	0.01	−0.01	0.02**	2.192
CAR(−3,1)	0.01	0.00	0.01***	3.175
CAR(−1,1)	0.02	0.00	0.02**	2.495
CAR(−2,2)	0.01	0.00	0.01***	2.797

	同地并购	异地并购	均值差异分析	
	中位数	中位数	中位数差异	Z 值
CAR(−3,3)	0.02	0.00	0.02***	2.646
CAR(−4,4)	0.01	0.01	0.00**	2.117
CAR(−5,5)	0.02	0.01	0.01**	2.268
CAR(−6,6)	0.02	0.02	0.00**	2.57
CAR(−7,7)	0.02	0.02	0.00**	2.57
CAR(−8,8)	0.01	0.05	0.00*	1.663
CAR(−9,9)	0.02	0.05	0.00	1.361
CAR(−10,10)	0.03	0.03	0.00	0.983

注:***、**、* 分别表示显著性水平小于1%、5%、10%。

表3-21 对并购公告日若干个窗口期的累积超额收益率进行了中位数的差异分析。中位数检验同样表明,在民营上市公司作为收购方的样本中,差异是显著的,在地方国企和央企作为收购方的样本中,不存在显著差异。

第五,匹配样本长期会计业绩的统计检验。我们对地区投资者保护程度低的地区的收购方公司并购地区投资者保护程度高的地区的目标公司的并购样本进行了匹配分析,分析异地并购的收购方相比于未发生并购的上市公司,是否有更好的盈利能力指标。匹配样本的选取条件为同地区、同行业(制造业企业取前2位行业代码)、近3年未发生并购、企业规模相近。匹配后的会计指标T检验显示,并购后第2年和第3年,收购方公司比匹配样本公司有更高的营业毛利率、更低的营业成本率。并购后第3年,收购方公司比匹配样本公司有更高的净资产收益率和营业税金率(见表3-22)。这表明收购方公司在销售和成本控制方面优于同地区、同行业的未并购公司。并购后会计业绩的差异存在于民营上市公司作为收购方的匹配样本中。

表3-22　匹配样本长期会计业绩的统计检验（民企）

	并购后第3年		并购后第2年		并购后第1年		并购当年		并购前1年	
	均值	T值	均值	T值	均值	T值	均值	T值	均值	T值
营业毛利率	0.15*	1.86	0.21**	2.59	0.01	0.10	0.03	0.20	0.03	0.28
净资产收益率	0.05**	2.09	0.06	0.71	-8.27	-1.01	0.21	1.01	-0.27	-1.18
营业税金率	0.01***	3.16	0.01	1.32	0.00*	1.90	0.00*	1.78	0.00**	2.27
营业成本率	-0.15*	-1.86	-0.21**	-2.59	-0.01	-0.10	-0.03	-0.20	-0.03	-0.28

注：***、**、*分别表示显著性水平小于1%、5%、10%。

第六，使用 CAR(-1,0)、CAR(-2,2)作为因变量，使用上述几种地区投资者保护代理变量，对并购双方地区投资者保护程度及其差异与收购方公司的并购收益进行了回归分析。研究结论仍成立。

第七，使用市场调整法计算累积超额收益率，并重新进行上述回归分析（见表3-23、表3-24、表3-25），研究结论仍不变。

表3-23　地区投资者保护与民企异地并购协同效应（市场调整法）

因变量 自变量	CAR(-1,1)			
	民企			
C	-0.1 (0.54)	-0.25 (0.26)	-0.33 (0.15)	-0.34 (0.15)
Pro2	0.00* (0.08)			
Pro3		0.004** (0.04)		

续表

自变量 \ 因变量	CAR(-1,1)			
	民企			
Pro4			0.05 ** (0.05)	
Pro5				0.07 * (0.09)
Size	0.01 (0.34)	0.01 (0.45)	0.01 (0.33)	0.01 (0.25)
Lev	0.02 (0.38)	0.02 (0.34)	0.03 (0.22)	0.02 (0.35)
Grow	-0.00 (0.81)	-0.00 (0.90)	0.00 (0.87)	-0.00 (0.86)
Cfo	0.02 (0.68)	0.01 (0.82)	0.02 (0.73)	0.03 (0.49)
Inde	0.20 (0.20)	0.21 (0.19)	0.22 (0.15)	0.22 (0.16)
Z	-0.00 (0.63)	-0.00 (0.55)	-0.00 (0.34)	-0.00 (0.53)
Vol	-0.00 * (0.08)	-0.00 * (0.06)	-0.00 ** (0.04)	-0.00 ** (0.01)
Sind	-0.01 (0.73)	-0.01 (0.70)	-0.00 (0.90)	-0.01 (0.69)
Priv	0.04 * (0.10)	0.04 * (0.10)	0.04 * (0.07)	0.04 * (0.10)
Year	0.05 ** (0.02)	0.05 ** (0.02)	0.06 *** (0.00)	0.04 ** (0.04)
Ind	-0.05 (0.31)	-0.05 (0.35)	-0.04 (0.41)	-0.05 (0.26)
Gdp	-0.01 (0.69)	0.01 (0.60)	0.01 (0.48)	0.02 (0.44)
N	63	63	63	63
Adj.R^2	0.19	0.18	0.21	0.21
F	1.96 **	1.90 *	2.09 **	2.04 **
D-W	1.90	1.88	2.00	2.05

注:括号内为 P 值。***、**、* 分别表示显著性水平小于 1%、5%、10%。

表 3-24　地区投资者保护与地方国企异地并购协同效应（市场调整法）

自变量 ＼ 因变量	CAR(−1,1) 地方国企			
C	0.05 (0.77)	0.01 (0.97)	−0.05 (0.81)	0.06 (0.76)
Pro2	0.002 (0.57)			
Pro3		0.001 (0.66)		
Pro4			0.02 (0.49)	
Pro5				−0.01 (0.74)
Size	−0.02* (0.06)	−0.02* (0.06)	−0.02* (0.07)	−0.03* (0.05)
Lev	0.18** (0.02)	0.18** (0.02)	0.18** (0.02)	0.20** (0.02)
Grow	−0.01 (0.38)	−0.01 (0.37)	−0.01 (0.40)	−0.01 (0.32)
Cfo	−0.01 (0.94)	−0.00 (0.98)	0.003 (0.97)	0.01 (0.94)
Inde	−0.01 (0.93)	−0.01 (0.94)	−0.01 (0.94)	0.01 (0.94)
Z	−0.00 (0.45)	−0.00 (0.44)	−0.00 (0.33)	−0.00 (0.36)
Vol	0.00* (0.07)	0.00* (0.07)	0.00* (0.10)	0.00* (0.08)
Sind	−0.02 (0.36)	−0.02 (0.39)	−0.02 (0.54)	−0.02 (0.39)
Stat	−0.02 (0.42)	−0.02 (0.44)	−0.02 (0.42)	−0.01 (0.52)
Year	0.02 (0.48)	0.02 (0.51)	0.02 (0.54)	0.01 (0.57)
Ind	0.01 (0.84)	0.01 (0.84)	0.01 (0.89)	0.02 (0.79)

续表

自变量＼因变量	CAR$(-1,1)$			
	地方国企			
Gdp	0.01 （0.48）	0.02 （0.32）	0.02 （0.26）	0.01 （0.44）
N	65	65	65	65
Adj.R^2	0.001	0.004	0.001	0.006
F	0.99	0.98	1.01	0.97
D—W	1.65	1.64	1.66	1.60

注:括号内为 P 值。***、**、* 分别表示显著性水平小于 1%、5%、10%。

表 3-25　地区投资者保护与央企异地并购协同效应（市场调整法）

自变量＼因变量	CAR$(-1,1)$			
	央企			
C	−0.08 （0.71）	−0.22 （0.46）	−0.16 （0.52）	−0.03 （0.83）
Pro2	0.002 （0.64）			
Pro3		0.003 （0.43）		
Pro4			0.04 （0.46）	
Pro5				0.01 （0.57）
Size	0.01 （0.48）	0.01 （0.40）	0.02 （0.37）	0.00 （0.95）
Lev	−0.06 （0.45）	−0.06 （0.42）	−0.08 （0.34）	−0.03 （0.63）
Grow	−0.002 （0.95）	0.00 （0.95）	0.01 （0.90）	−0.02* （0.08）
Cfo	−0.02 （0.89）	−0.00 （0.97）	0.01 （0.94）	−0.04 （0.35）
Inde	−0.04 （0.83）	−0.01 （0.97）	−0.02 （0.90）	0.03 （0.86）

续表

自变量＼因变量	CAR(-1,1)			
	央企			
Z	0.00 (0.62)	0.00 (0.58)	0.00 (0.52)	0.00 (0.64)
Vol	0.00 (0.54)	0.00 (0.53)	0.00 (0.56)	0.00 (0.60)
Sind	-0.02 (0.41)	-0.02 (0.37)	-0.02 (0.39)	-0.02 (0.30)
Stat	-0.03 (0.34)	-0.03 (0.29)	-0.02 (0.50)	-0.04 (0.06)
Year	0.01 (0.67)	0.01 (0.74)	0.02 (0.58)	0.03 (0.18)
Ind	-0.02 (0.70)	-0.02 (0.65)	-0.03 (0.62)	0.01 (0.86)
Gdp	0.002 (0.93)	0.01 (0.57)	0.004 (0.85)	0.01 (0.69)
N	24	24	24	24
Adj.R^2	0.001	0.001	0.001	0.25
F	0.67	0.75	0.73	0.63
D-W	2.24	2.29	2.35	2.33

注:括号内为 P 值。***、**、* 分别表示显著性水平小于 1%、5%、10%。

并购的协同效应得到支持。并购的协同效应部分来自于投资者保护程度的提高。目标公司所在地的投资者保护程度越高,收购方公司获得的并购收益越大,而且,当目标公司所在地的投资者保护程度越高于收购方公司所在地的投资者保护程度时,收购方公司所获得的并购收益越大。在我国的非关联异地并购中,并不存在公司治理的外溢效应导致的协同效应。同时,鉴于收购方公司是上市公司,目标公司为非上市公司,上市公司的治理水平高于非上市公司,公司治理的拔靴效应也不是我国上市公司并购协同效应的来源。目标公司所在地的投资者保护节约了市场交易成本,市场摩擦的下降产生了并购的协同效应。

当目标公司所在地的投资者保护程度大于收购方公司所在地的投资者保护程度时,收购方公司实施异地并购承担的并购交易成本小于同地并购,公司投资者保护程度的整体提高和市场摩擦的整体下降使收购方公司获得并购的协同效应,由此获得并购收益。地区投资者保护带来的并购协同效应仅存在于民营上市公司作为收购方的并购活动中,在地方国企和央企作为收购方实施的并购中未发现投资者保护带来的并购协同效应。民企、地方国企和央企的并购协同效应存在差异。

制度因素影响并购价值的创造。制度环境改变决策的约束条件,进而影响其行为,最终影响行为的结果。要引导我国企业进行价值创造的并购,加强投资者保护的制度建设,降低并购市场交易成本和市场摩擦是必不可少的。

第四章　目标公司地区投资者保护与并购地域选择

　　基于新制度经济学对企业边界的分析,并购处于何种地区的目标公司影响企业并购战略的实施效果,其影响机制可概括为并购目标地域选择的公司治理观和交易成本观。

　　并购目标地域选择的公司治理观认为,并购能够带来并购双方公司治理水平的改善,所以并购双方公司治理水平差异程度影响并购目标的地域选择。法与财务学文献(law and finance)认为,地区投资者保护程度越高,公司的治理环境越好,公司的治理水平越高。当收购方公司和目标公司来自不同国家和地区时,它们对投资者的保护程度不同,并购双方公司治理水平存在差异,并购后,并购双方通过调整契约或适用法律的改变,公司治理较差的一方其公司治理水平得到改善和提高。公司治理观暗示着收购方公司可能会通过异地并购获取目标公司。

　　并购地域选择的交易成本观认为,由于不同地区的法律环境存在差异,契约的达成和实施以及产权的保护程度不同导致并购的交易成本不同。所以,收购方公司会选择地处投资者保护程度高的地区的目标公司,以降低并购面临的不确定性,实现较低的并购交易成本。

　　我国区域经济发展水平和地区投资者保护程度差异较大,东南沿海地区的投资者保护程度最高(世界银行,2007)。那么,公司治理、交易成本与收购方对目标公司的地域选择之间存在怎样的关系? 这一思考可以转化为两个具体的研究问题:第一,来自东南沿海地区的收购方公司是否会选择投资者保护程度低的地区的目标公司;第二,如果收购方选择收购投资者保护程度高的地区的目标公司,这是支持并购目标地域选择的交易成本观还是公司治理观?

第一节　理论分析和研究假设

一、公司治理与并购目标的地域选择

投资者保护程度越高,治理环境越好,受到外部治理机制的约束,公司的治理水平越高。布里斯和卡布里斯(2008)以跨国并购为研究对象,研究发现,当收购方公司来自对投资者保护程度高的英美等普通法系国家,目标公司来自对投资者保护程度低的法语系和德语系大陆法系国家时,收购后,目标公司所在行业的托宾 Q 值上升,原因在于目标公司引入了收购方公司的治理结构,公司治理水平实现趋同。卡里等(2005)研究了 1988—2002 年间发达国家的收购方公司收购新兴市场国家目标公司的并购事件。库柏斯等(2008)以 1982—1991 年间国外公司收购美国公司的并购事件作为研究对象,关注了国家的法律环境对并购活动的影响。玛蒂诺娃和吕尼布特(2008)对欧洲国家发生的跨国并购进行研究后发现,只要并购双方的投资者保护程度存在差异,无论是收购方公司的投资者保护程度高于目标公司,还是目标公司的投资者保护程度高于收购方公司,并购均可使公司治理产生趋同,可概括为公司治理传递的外溢效应和拔靴效应。

(一)公司治理的外溢效应与并购目标的地域选择

地区投资者保护程度直接影响公司治理结构(多艾基等,2007)。如果收购方公司处于投资者保护程度更高的地区,其公司治理水平较优,目标公司处于投资者保护程度更低的地区,其公司治理水平较低,并购活动使目标公司引入来自投资者保护程度高的地区的股东,目标公司接受由新股东带来的一系列制度安排,目标公司的股东保护程度因此得到提高,由此产生公司治理趋同。也就是说,并购双方治理程度存在差异时,并购可带来投资者保护程度的改善,并购为公司治理改善

提供了替代的机制。如果目标公司所在地的投资者保护程度越低,收购方公司越会实施异地并购,则支持了公司治理外溢效应推动的并购目标地域选择。所以,提出如下研究假设:

假设1:目标公司所在地的投资者保护程度越低,收购方公司越会选择异地并购。

(二)公司治理的拔靴效应与并购目标的地域选择

拔靴效应认为,公司治理程度较弱的收购方公司主动和自愿寻求治理水平的提高,通过收购治理水平较高的目标公司,公司治理较差的收购方公司接受和实施目标公司的治理结构,提升了自身公司治理水平,企业价值上升。基于拔靴假说的分析,如果收购方公司处于投资者保护程度较低的地区,目标公司处于投资者保护程度较高的地区,通过并购活动,收购方公司及其控股股东的投资者保护程度因此得到提高,或者至少不会下降。所以,如果收购了处于投资者保护程度较高的地区的目标公司,收购方公司自身的公司治理水平得到提升。如果来自投资者保护程度低的地区的收购方公司倾向于选择投资者保护程度高地区的目标公司,则支持了公司治理拔靴效应驱动的并购地域选择。所以,提出如下研究假设:

假设2:目标公司所在地的投资者保护程度越高,收购方公司越会选择异地并购。

二、并购交易成本与并购目标的地域选择

并购是对存量资源进行重新配置的机制,但是,制度因素可能制约资源的流动。例如,由于担心政治风险会使投资者遭受利益剥削,因此一国的政治环境影响投资资本的流入,最终影响一国的经济增长。交易特征和制度环境影响契约执行,面对较弱的法律执行环境,跨国企业对中国进行投资时,相关契约条款更为细化,以应对可能的不确定性,降低交易成本。

我国31个省区市的制度环境发展水平参差不齐,各个地区对投资者的保护程度存在很大差异。据世界银行(2007)的调查,在西部地

区,投资项目获取政府批准等与政府打交道的时间远高于东南沿海地区,政府效率低下。同时,各省区市对企业产权的保护程度存在较大差异。例如,对合同权利和财产受到保护的信心,东南沿海地区的企业信心最充足,而西北地区的企业则最没有信心。"法律保护主义"行为比较普遍,本地法庭不愿接受外省企业提起的法律诉讼;在法律诉讼中法庭有偏向本地企业的倾向;法庭对于外省企业提出的针对本地企业的执行请求并不积极。这意味着,收购方公司在不同省区市实施并购所面临的市场摩擦和交易成本是不同的。市场摩擦会阻碍有效并购的发生,降低并购的效率,阻碍企业边界的扩张。换言之,收购方公司面临的地区投资保护程度不同,其实施并购的交易成本也不同。如果收购方公司来自于投资者保护弱的地区,它们实施同地并购或者选择同样来自投资者保护程度弱的地区的目标公司,可能面临更大的市场摩擦,招致更高的交易成本,产权受到侵害的潜在危险更大,这些都影响到企业边界扩张的可能性、可行性和效率。出于并购交易成本的考虑,当收购方公司来自于投资者保护弱的地区时,它们可能会更倾向于选择投资者保护强的地区的目标公司实施企业边界的扩张。

并购地域选择的交易成本观意味着,无论收购方公司来自于投资者保护程度高的地区,还是来自投资者保护程度低的地区,它们均倾向于选择投资者保护程度高的地区的目标公司。我国东南沿海地区的投资者保护程度最高,市场摩擦最小,来自这些地区的收购方公司应会选择同地区的目标公司,而不会实施异地并购,否则,并购面临的交易成本会增加。鉴于我国东南沿海地区对投资者的保护机制发展程度最高,所以,如果以下研究假设得到支持,表明在我国上市公司的并购活动中,收购方是基于并购的交易成本作出对目标公司的地域选择。

假设3:目标公司所在地的投资者保护程度越高,来自东南沿海以外地区的收购方公司越会选择异地并购,来自东南沿海地区的收购方公司越不会选择异地并购,而是选择同样地处东南沿海地区的目标公司。

第二节　研究设计

一、样本的建立

以 CSMAR"中国上市公司并购重组研究数据库"中 1998—2011 年发生的、上市公司作为收购方公司的股权标的并购事件作为初选样本,然后按以下标准进行筛选:第一,由于财务指标不可比,剔除收购方公司或目标公司为金融行业的并购事件;第二,前后两次并购至少间隔 6 个月;第三,当同一家上市公司在同一天宣告两笔或两笔以上的并购交易时,如果目标公司不是同一家公司时,为避免目标公司异质性对并购的累积超额收益率产生噪音,对这样的并购事件给予剔除,如果是同一家上市公司与同一目标公司的不同股东进行并购交易,则将这些交易合并为一个事件;第四,剔除上市当年发生的并购事件;第五,剔除在并购首次公告日当天和公告日前后 10 个交易日内同时进行了其他重大公告的样本公司,包括披露季报、中报和年报,增发配股公告,分红公告等;第六,剔除无法识别目标公司行业和性质的并购事件;第七,剔除财务指标存在缺失的并购事件;第八,由于对投资者保护的要求不同,剔除同时发行 B 股、H 股的上市公司。最终得到有效观测点 1485 个,其中,非关联并购样本观测点 646 个,关联并购样本观测点 839 个。

二、模型和变量定义

本章采用以下 Logistic 回归模型分析目标公司所在地投资者保护程度与并购地域选择:

$$Spro_i = \beta_0 + \beta_1 Pro_i + \beta_2 Size_i + \beta_3 Lev_i + \beta_4 Grow_i + \beta_5 Cfo_i + \beta_6 Vol_i + \beta_7 Sind_i + \beta_8 Ulticon \times \beta_9 \sum Ind \times \beta_{10} \sum Year\varepsilon$$

因变量为 Spro,如果收购方公司选择了异地并购,则取值为 1,否则为 0。

测试变量 Pro 为目标公司所在地的投资者保护程度。这是本章重点关注的变量,所以使用多个替代变量进行衡量。一是使用广为运用的《中国市场化指数——各地区市场化相对进程 2006 年报告》(樊纲等,2007)一书中编制的中国各地区(包括 31 个省、自治区和直辖市)"市场中介组织的发育和法律制度环境"指标作为地区投资者保护程度的代理变量。二是使用各地区信任程度作为投资者保护的代理变量。各地区信任程度来自张维迎和柯荣住(2002)的各地区守信情况调查。三是使用律师人数与当地人口的比例。四是使用注册会计师人数与当地人口的比例。法律和会计是投资者保护的重要制度,律师、注册会计师占当地人口比重来自《中国市场化指数——各地区市场化相对进程 2006 年报告》(樊纲等,2007)。五是使用世界银行(2007)对我国 120 个城市投资环境的调查情况。该报告发现我国东南沿海地区的投资环境总体上好于其他省区市,若目标公司位于东南沿海地区,则测试变量取值为 1,否则为 0。

控制变量包括收购方的企业规模(Size)、负债水平(Lev)、成长性(Grow)、自由现金流量水平(Cfo)、并购交易规模(Vol)、同行业哑变量(Sind)、收购方所处行业哑变量(Ind)、并购发生年度哑变量(Year)、收购方企业性质哑变量(Ulticon,如果上市公司实际控制人是民营性质,Ulticon 取值为 1,否则为 0)。

第三节　实证研究结果分析

一、单因素分析

表 4-1、表 4-2 分别列示了收购方地处东南沿海地区样本、收购方地处非东南沿海地区样本的描述性统计。表 4-3 对这两个样本组进行了均值和中位数差异分析,前者较少进行异地并购,两个子样本组 Spro 的均值和中位数均在 1% 水平下存在显著差异。收购方地处东南沿海地区的子样本与收购方地处非东南沿海地区的子样本相比较,前者的目标公司所在地区的投资者保护程度更高,Pro 的均值和中位数均在 1% 水平下显著不同。收购方地处东南沿海地区的子样本的 Size、

Lev 均值、中位数比收购方地处非东南沿海地区的子样本更大,收购方地处东南沿海地区的子样本中民营上市公司也更多。

表 4-1 收购方地处东南沿海地区样本描述性统计

	收购方地处东南沿海地区(N＝273)				
	均值	中位数	标准差	最小值	最大值
Spro	0.52	1.00	0.50	0.00	1.00
Pro	4.61	2.55	3.63	0.05	10.24
Size	11.31	11.37	1.20	6.52	15.41
Lev	0.50	0.51	0.26	0.05	3.57
Grow	0.34	0.17	1.46	0.00	22.00
Cfo	0.05	0.07	0.15	−0.47	0.49
Ulticon	0.38	0.00	0.49	0.00	1.00
Vol	47.72	45.24	31.15	1.00	100.00
Sind	0.37	0.00	0.49	0.00	1.00

注:表中使用了地区市场中介组织发育程度。

表 4-2 收购方地处非东南沿海地区样本描述性统计

	收购方地处非东南沿海地区(N＝373)				
	均值	中位数	标准差	最小值	最大值
Spro	0.62	1.00	0.49	0.00	1.00
Pro	3.50	2.13	3.24	−0.27	10.24
Size	11.09	10.99	1.28	7.85	16.82
Lev	0.47	0.45	0.23	0.05	2.05
Grow	0.32	0.18	0.69	−0.95	5.29
Cfo	0.05	0.07	0.19	−0.93	1.31
Ulticon	0.28	0.00	0.45	0.00	1.00
Vol	50.23	50.00	31.41	0.00	100.00
Sind	0.42	0.00	0.49	0.00	1.00

注:表中使用了为地区市场中介组织发育程度。

表4-3 差异分析

	均值差异分析	中位数差异分析
Spro	-2.76***	-2.75***
Pro	4.06***	5.50***
Size	2.25**	3.01***
Lev	1.32	1.85*
Grow	0.17	0.25
Cfo	-0.03	-0.42
Ulticon	2.70***	2.69***
Vol	-1.00	-1.01
Sind	-1.21	-1.21

注:①表中使用了为地区市场中介组织发育程度。

②***、**、*分别表示显著性水平小于1%、5%、10%,双尾检验。

表4-4列示了各变量间的 Pearson 相关系数。在收购方地处东南沿海地区的子样本中目标公司所在地的投资者保护程度 Pro 与是否选择异地并购 Spro 不存在显著相关关系。但是,在收购方地处非东南沿海地区的子样本中,目标公司所在地投资者保护程度 Pro 与是否选择异地并购 Spro 在5%水平下正相关。初步的相关关系表明,当收购方来自东南沿海以外的地区时,目标公司所在地的投资者保护程度越高,收购方公司越会选择异地并购;但是,当收购方来自东南沿海地区时,并购活动多不是异地并购。

表4-4 相关系数矩阵

	Spro	Pro	Size	Lev	Grow	Cfo	Ulticon	Vol	Sind
Spro		0.13**	-0.04	-0.06	0.04	0.02	0.03	-0.02	0.04
Pro	0.02		0.05	-0.02	0.03	-0.01	0.06	-0.11**	0.02
Size	0.09	-0.02		0.55***	0.12**	0.05	-0.11**	-0.13**	0.06
Lev	0.07	-0.06	0.47***		0.06	0.11**	0.14***	0.01	-0.10*

续表

	Spro	Pro	Size	Lev	Grow	Cfo	Ulticon	Vol	Sind
Grow	0.02	0.12 *	0.03	0.00		−0.03	0.04	−0.04	−0.03
Cfo	−0.02	−0.03	−0.04	0.13 *	−0.01		−0.06	−0.01	−0.06
Ulticon	0.07	−0.04	−0.26 **	−0.04	0.09	−0.09		0.01	−0.06
Vol	−0.05	−0.08	−0.03	0.08	−0.01	−0.04	0.01		0.05
Sind	−0.03	−0.12 *	0.09	−0.04	−0.04	−0.05	0.00	0.04	

注:①表中使用了为地区市场中介组织发育程度。

②表中左下方为收购方地处东南沿海地区的子样本主要变量间的 Pearson 相关系数,右上方为收购方地处非东南沿海地区的子样本主要变量间的 Pearson 相关系数。***、**、* 分别表示显著性水平小于 1%、5%、10%,双尾检验。

二、多元回归分析

对总样本进行的 Logistic 回归分析显示(见表4-5),以地区市场中介组织发育程度、律师占地区人口比、注册会计师占地区人口比作为目标公司所在地的投资者保护程度时,Pro 的系数分别为 0.06、0.06、0.05,P 值分别为 0.06、0.06、0.06,与因变量显著正相关表明目标公司所在地地区投资者保护程度越高,收购方公司越会选择异地并购。当以是否地处东南沿海地区衡量目标公司所在地的投资者保护时,Pro 与因变量呈现不显著的负相关关系。回归结果表明,目标公司所在地的投资者保护程度越高,收购方公司越会选择异地并购,但是,当目标公司位于东南沿海地区时,收购方的地域选择行为需要做进一步的细致分析。

表4-5 公司治理、交易成本与并购目标地域选择(总样本)

因变量 / 自变量	Spro	Spro	Spro	Spro	Spro
C	0.39 (0.73)	0.41 (0.71)	0.37 (0.74)	0.34 (0.76)	0.56 (0.61)

续表

因变量 自变量	Spro	Spro	Spro	Spro	Spro
Pro	0.06* (0.06)	0.06* (0.06)	0.05* (0.06)	0.05 (0.56)	−0.15 (0.42)
Size	−0.10 (0.33)	−0.10 (0.33)	−0.10 (0.34)	−0.08 (0.40)	−0.08 (0.43)
Lev	−0.34 (0.44)	−0.33 (0.44)	−0.34 (0.43)	−0.38 (0.39)	−0.42 (0.34)
Grow	0.07 (0.32)	0.07 (0.32)	0.07 (0.32)	0.08 (0.25)	0.08 (0.25)
Cfo	0.47 (0.36)	0.46 (0.37)	0.48 (0.34)	0.45 (0.38)	0.51 (0.32)
Ulticon	(0.05) (0.82)	0.05 (0.81)	0.05 (0.81)	0.06 (0.76)	0.07 (0.74)
Vol	(−0.00) (0.75)	−0.01 (0.95)	−0.00 (0.74)	−0.00 (0.64)	−0.03 (0.88)
Sind	(−0.01) (0.95)	−0.00 (0.76)	−0.01 (0.96)	−0.02 (0.94)	−0.00 (0.60)
Ind	控制	控制	控制	控制	控制
Year	控制	控制	控制	控制	控制
N	646	646	646	646	646
Pseudo R^2	0.06	0.06	0.06	0.06	0.06
备注	市场中介组织发育程度	律师占人口比	注册会计师占人口比	信任程度	东南沿海地区

注:括号内为 P 值。***、**、* 分别表示显著性水平小于 1%、5%、10%。

进一步将并购样本按收购方公司是否地处东南沿海地区划分为两个子样本组。如表 4-6 所示,以地区信任程度作为地区投资者保护代理变量,目标公司地区投资者保护程度越高,来自东南沿海地区的收购方公司越不会选择异地并购,而是选择同样地处投资者保护程度高的地区的目标公司进行同地并购,Pro 的系数为 -0.30,P 值为 0.05,在 10% 水平下显著为负。进一步以目标公司是否地处东南沿海地区作为投资者保护的代理变量时,Pro 的系数为 -2.34,P 值为 0.00,与因变量间的负相关关系更加显著了(显著性水平小于 1%),这意味着如果收购方公司来自东南沿海地区,它们更愿意收购同样来自东南沿海地区的目标公司,而不是进行更大地域范围的异地并购。

表 4-6 公司治理、交易成本与并购目标地域选择
(收购方地处东南沿海地区)

因变量\自变量	Spro	Spro	Spro	Spro	Spro
C	-1.65	-1.61	-1.70	-0.29	0.39
	(0.28)	(0.29)	(0.27)	(0.85)	(0.80)
Pro	0.02	0.01	0.02	-0.30*	-2.34***
	(0.64)	(0.75)	(0.54)	(0.05)	(0.00)
Size	0.14	0.14	0.14	0.16	0.16
	(0.30)	(0.30)	(0.30)	(0.25)	(0.26)
Lev	0.09	0.08	0.09	-0.02	-0.03
	(0.87)	(0.87)	(0.85)	(0.96)	(0.96)
Grow	-0.01	-0.01	-0.01	0.02	-0.05
	(0.92)	(0.94)	(0.90)	(0.82)	(0.43)
Cfo	-0.21	-0.22	0.20	-0.14	0.23
	(0.80)	(0.79)	(0.81)	(0.87)	(0.80)
Ulticon	0.49*	0.49*	0.49*	0.42	-0.25
	(0.07)	(0.07)	(0.07)	(0.12)	(0.41)
Vol	-0.00	-0.19	-0.18	-0.00	-0.00
	(0.69)	(0.52)	(0.54)	(0.61)	(0.29)
Sind	-0.18	-0.00	-0.00	-0.22	0.16
	(0.53)	(0.68)	(0.69)	(0.43)	(0.60)
Ind	控制	控制	控制	控制	控制

续表

因变量 自变量	Spro	Spro	Spro	Spro	Spro
Year	控制	控制	控制	控制	控制
N	273	273	273	273	273
Pseudo R^2	0.02	0.02	0.02	0.03	0.14
	市场中介组织发育程度	律师占人口比	注册会计师占人口比	信任程度	东南沿海地区

注:括号内为 P 值。***、**、* 分别表示显著性水平小于 1%、5%、10%。

表 4-7 显示,当收购方公司来自于东南沿海地区以外的省区市时,目标公司投资者保护程度越高,收购方公司越会选择异地并购,收购地处投资保护程度高的地区的目标公司。以地区市场中介组织发育程度、律师占地区人口比、注册会计师占地区人口比、地区信任程度、目标公司地处东南沿海地区作为代理变量,Pro 的系数分别为 0.13、0.15、0.11、0.45、3.89,P 值分别为 0.01、0.00、0.02、0.00、0.00,在 1% 或 5%水平下显著为正。

表 4-7　公司治理、交易成本与并购目标地域选择
（收购方地处非东南沿海地区）

因变量 自变量	Spro	Spro	Spro	Spro	Spro
C	2.51 (0.14)	2.59 (0.13)	2.44 (0.15)	0.88 (0.61)	3.00* (0.09)
Pro	0.13** (0.01)	0.15*** (0.00)	0.11** (0.02)	0.45*** (0.00)	3.89*** (0.00)
Size	−0.32** (0.03)	−0.32** (0.03)	−0.31** (0.04)	−0.27* (0.06)	−0.34** (0.04)
Lev	−1.13 (0.10)	−1.10 (0.11)	−1.17* (0.09)	−1.22 (0.10)	−1.29 (0.17)

续表

因变量 自变量	Spro	Spro	Spro	Spro	Spro
Grow	0.23	0.22	0.23	0.24	0.19
	(0.27)	(0.29)	(0.27)	(0.27)	(0.41)
Cfo	1.21*	0.18	0.20	1.13	1.00
	(0.08)	(0.53)	(0.50)	(0.10)	(0.24)
Ulticon	−0.05	−0.06	−0.05	−0.06	−0.08
	(0.87)	(0.86)	(0.89)	(0.86)	(0.83)
Vol	0.19	0.00	0.00	0.00	0.34
	(0.51)	(0.79)	(0.84)	(0.92)	(0.26)
Sind	0.00	(1.17)*	1.24*	0.31	−0.00
	(0.81)	(0.07)	(0.07)	(0.31)	(0.85)
Ind	控制	控制	控制	控制	控制
Year	控制	控制	控制	控制	控制
N	373	373	373	373	373
Pseudo R^2	0.16	0.16	0.15	0.17	0.27
	市场中介组织发育程度	律师占人口比	注册会计师占人口比	信任程度	东南沿海地区

注:括号内为 P 值。***、**、* 分别表示显著性水平小于 1%、5%、10%。

多元回归分析的结果表明,无论收购方公司是否来自东南沿海地区,它们都选择并购投资者保护程度高的地区的目标公司,尤其是地处东南沿海地区的目标公司。所以,本研究拒绝了并购目标地域选择的公司治理观,支持交易成本观。

三、稳健性检验

本章从以下几方面进行了稳健性检验。

第一,在本研究的样本期间,资本市场经历了制度的重大变革,为控制其对上市公司并购行为可能造成的影响,加入哑变量取代前述回归中使用的年度哑变量。历史地看,2006 年后资本市场的投资者保护程度发生了重大变化。所以,稳健性检验中,若并购发生在 2006 年后,哑变量取值为 1,否则为 0。回归结果不变。

第二,在我国公司并购的活动中,有部分数量的并购是出于加大国有资本控制力、做大做强国有企业的动机而发生的,这些并购涉及关系国计民生的具有垄断性质的行业。加入收购方行业性质 Longdb 作为控制变量,取代前述回归中使用的行业哑变量。如果收购方处于能源行业等垄断行业,Longdb 取值为 1,否则为 0。研究结论仍然成立。

第三,以并购双方经营所在地作为并购双方的所在地,并以此为标准界定异地并购。研究结论仍然成立。

第四,使用前述相同的样本选择标准选择了关联并购样本进行回归分析,以获取其他的支持证据。出于大股东的支持或掏空动机(李增泉等,2005),或是为了迎合资本市场刚性的管制要求(陈信元等,2003),我国上市公司进行关联并购。上市公司与其实际控制人或实际控制人控制的其他下属企业利用关联并购进行财富的转移或资产的置换。由于关联并购是对中小投资者利益的损害,在关联并购的地域选择中,收购方公司可能不愿意选择地处投资者保护程度高的地区的目标公司,因为与这些地区的目标公司进行关联并购交易,相比于投资者保护程度低的地区的目标公司而言,需要达成更加严格的契约条款,谈判和讨价还价的成本更高,最终不易达成关联并购交易。为降低关联并购面临的交易成本,目标公司所在地的投资者保护程度越高,收购方公司更不会进行异地关联并购。如果这一推断得到支持,这为并购目标地域选择的交易成本观提供了进一步的支持证据。表 4-8 显示,以地区市场中介组织发育程度、律师占地区人口比、注册会计师占地区人口比、目标公司地处东南沿海地区作为投资者保护的代理变量,它们与因变量之间存在显著负相关关系,Pro 的系数分别为 -0.05、-0.05、-0.05、-0.61,P 值分别为 0.08、0.08、0.09、0.00,即目标公司所在地的投资者保护程度越高,收购方公司越不会选择这些地区的公司作为关联并购的目标。

表4-8 公司治理、交易成本与并购目标地域选择
（关联并购样本）

因变量 自变量	Spro	Spro	Spro	Spro	Spro
C	0.52 (0.82)	0.54 (0.81)	0.51 (0.82)	0.38 (0.87)	1.07 (0.65)
Pro	−0.05* (0.08)	−0.05* (0.08)	−0.05* (0.09)	0.05 (0.55)	−0.61*** (0.00)
Size	−0.05 (0.65)	−0.05 (0.64)	−0.05 (0.65)	−0.06 (0.56)	−0.06 (0.55)
Lev	0.49 (0.14)	0.49 (0.14)	0.49 (0.14)	0.51 (0.11)	0.43 (0.19)
Grow	0.06 (0.25)	0.06 (0.25)	0.06 (0.25)	0.05 (0.24)	0.06 (0.22)
Cfo	0.99 (0.31)	0.99 (0.31)	0.99 (0.31)	1.01 (0.27)	1.20 (0.21)
Ulticon	0.50** (0.01)	−0.35* (0.09)	0.50** (0.01)	−0.34 (0.10)	0.53** (0.01)
Vol	−0.01* (0.05)	−0.01* (0.05)	−0.35* (0.09)	−0.01* (0.06)	−0.33 (0.12)
Sind	−0.35* (0.09)	0.50** (0.01)	−0.01* (0.05)	0.53** (0.01)	−0.00* (0.07)
Ind	控制	控制	控制	控制	控制
Year	控制	控制	控制	控制	控制
N	839	839	839	839	839
Pseudo R^2	0.08	0.08	0.08	0.08	0.09
	市场中介组织发育程度	律师占人口比	注册会计师占人口比	信任程度	东南沿海地区

注:括号内为P值。***、**、*分别表示显著性水平小于1%、5%、10%。

我国上市公司并购活动中,收购方对目标公司的地域选择受市场

交易成本影响,即无论收购方公司是来自投资者保护程度高的地区还是来自投资者保护程度低的地区,收购方公司多选择投资者保护程度高的地区的目标公司,以降低并购面临的交易成本。具体来看,当收购方公司来自于东南沿海地区以外的省区市时,目标公司所在地的投资者保护程度越高,收购方公司越会选择异地并购,收购地处投资保护程度高的地区的目标公司;当收购方公司来自东南沿海地区时,这些收购方公司越不会选择异地并购,而是选择同样地处投资者保护程度高的地区的目标公司,尤其是同处东南沿海地区的目标公司进行并购。

第三、四章从横向视角研究了地区投资者保护程度与收购方并购收益、并购活跃程度、并购地域选择的关系。并购的交易成本是理解我国上市公司并购的重要因素。并购作为调整资源配置的机制,其效率受到交易成本的影响。对并购交易成本的预期制约收购方对目标公司的选择,最终影响并购的实施效果。为促进企业通过并购实现存量资源的优化配置,必须降低并购面临的交易成本。加强对投资者的保护,以降低并购中收购方面临的不确定性和风险,提高并购契约的达成效率是降低并购交易成本的一条重要途径。

第五章　中小投资者法律保护变迁、
　　　　并购行为与财富效应

　　"法与财务"研究范式被运用于研究并购问题(如达曲斯特等,2003)(Dahlquist),但是,已有研究只是横向比较了国家、地区之间法律的差异及法律差异对并购收益的影响。一个国家和地区的投资者保护本身就是一个历史的发展过程(沈艺峰等,2004)。不同的投资者法律保护阶段,公司的财务行为可能存在显著的差异。所以,中小投资者法律保护程度的纵向演变对并购行为的影响是需要关注的。

　　作为转型经济国家,我国的证券市场在短短十几年间从无到有,迅速发展,我国保护中小投资者的法律也经历了一个从弱到强、逐步健全的历史实践过程。与此同时,企业并购活动日益活跃。已有文献表明,一方面上市公司并购是资源配置手段,另一方面关联并购在某种程度上成为上市公司保壳保配或是实施掏空的手段。那么,中小投资者法律保护程度的提高如何影响我国上市公司不同并购行为(关联和非关联并购)的财富效应? 具体而言,本章采用历史研究的视角,使用实证研究的方法研究以下问题:第一,中小投资者保护程度的提高是否提高非关联并购的财富效应;第二,中小投资者保护程度的提高是否影响关联并购的财富效应,这种影响在不同类型的关联并购中是否存在差异。

第一节　制度背景分析:1998—2011 年
中小投资者法律保护变迁①

纵览 1998—2011 年,我国中小投资者法律保护逐步向前发展,可划分为如下三个阶段:

1998—2000 年:注重信息披露制度建设,公司治理制度建设初步展开。第一,对前一时期制定的信息披露制度根据新的情况进行补充和修订,例如《中期报告的内容与格式》(第二次修订)(1998)、《年度报告的内容与格式》(第二次修订)(1998)和《配股说明书的内容与格式》(第一次修订)(1998)。第二,继 1994 年的《公司法》后,1999 年实施的《证券法》是中国第一部调整证券发生与交易行为的法律,它对规范证券市场各方当事人行为、保护投资者合法权益提供了法律基础。第三,对内幕交易、操纵证券价格以及欺诈投资者等行为及法律责任在《证券法》中都作出了较为明确的规定。随后颁布的《上市公司股东大会规范意见》(2000)作出了股东大会召集、提案和通知、召开的相关规定,保障行使股东权利。

2001—2005 年:强化信息披露制度建设,公司治理制度建设全面铺开。第一,信息披露制度渐成体系。2001 年财政部颁布了《企业会计准则》和《企业会计制度》,为上市公司会计信息披露提供了操作性的规范。在强化财务信息披露的同时,重要事项等信息披露也有制度可循。例如,2001 年 8 月 2 日、2003 年 12 月 22 日中国证监会先后发布了通知,要求上市公司披露实际控制人及其大致控股结构的信息。2004 年 12 月 13 日中国证监会下达了关于修订《公开发行证券的公司信息披露内容与格式准则第 2 号》的通知,要求上市公司披露公司的

---

① 由于上市公司并购活动在 1998 年后逐渐增多,相关数据才逐渐可得,所以实证分析的并购样本期间为 1998—2011 年。本研究主要关注这一时期我国中小投资者法律保护的变迁。

实际控制人情况,并以方框图的形式披露公司与实际控制人之间的产权和控制关系。《上市公司收购管理办法》自 2002 年 12 月 1 日起施行,并购事件信息的披露得到规范。第二,重点建立公司治理的法律法规。20 世纪 90 年代全球范围内掀起的公司治理运动,其核心就是通过修改《公司法》、《破产法》和《证券法》,并推出公司治理准则等一系列途径来完善投资者保护的法律体系,以提高公司治理水平,建立高效的资本市场。2002 年是我国的"公司治理年",前后出台数部公司治理法规。2001 年出台《关于在上市公司建立独立董事制度的指导意见》规定,上市公司董事会至少包括 1/3 的独立董事。同时,通过在董事会下设立战略、审计和薪酬等多个专业委员会,独立行使董事会的专业职能。《上市公司治理准则》(2002)对控股股东的行为规范作了详细的规定。

2006—2011 年:中小投资者保护的相关法律法规建设向纵深发展,相关法律和配套法规、规章健全和完善。2006 年是我国资本市场中小投资者法律、法规和制度建设的一个分水岭(中国证券监督管理委员会,2008)。第一,颁布和实施新会计准则。财政部 2006 年 2 月 15 日正式对外发布了包括 1 项基本准则和 38 项具体准则在内的企业会计准则体系,2007 年 1 月 1 日在上市公司全面实施,标志着我国已初步完成企业会计准则体系的制定(葛家澍,2006)。第二,《公司法》和《证券法》修订后出台。《公司法》和《证券法》是规范资本市场的两部重要法律。随着经济和金融体制改革的不断深入和市场经济的持续发展,市场各方面发生了很大变化,《公司法》和《证券法》作为资本市场的两部基础法律,已不能完全适应新形势发展的客观需要,2005 年 10 月全国人大修订了《公司法》和《证券法》,并于 2006 年 1 月 1 日开始实施。第三,配套法律法规的修订。与《公司法》、《证券法》的修订相适应,全国人大、国务院各部委对相关法律法规和规章进行了梳理和调整。全国人大《刑法修正案(六)》,进一步明确了上市公司、证券期货经营机构严重违法行为的刑事责任,加大了对市场操纵行为的惩处力度;同时,修订了《中华人民共和国破产法》,规模企业的破产行为,全面保护各方当事人利益。中国证监会推进了与《公司法》、《证券法》相衔接的行政法规的起草和制定工作,梳理和整理了相关规章、规范性文件和自律规则,颁布了《中国证券监督管理委员会冻结、查封实施办法》、《证券公司董事、监事和高级管理人员任职资格监管办法》、《证券结算风险基金管理办法》等一批规章和规范性文件,基本形成了与《公司法》、《证券法》配套的规章体系。2006 年新的《上市公司收购管理办法》颁布实施。2006 年 8 月,为规范外资对国内上市公司的并购行为,商务部颁布实施了《外国投资者对上市公司战略投资管理办法》和《关于外国投资者并购中国境内企业的规定》。这些新政策和新法规的颁布和实施,对我国企业并购特别是上市公司并购市场产生重大影响。2007 年颁布《物权法》,关注了对证券投资及其收益的确认和保护。与此同时,随着股权分置改革的推进和完成,有关证券发行上市、证券监管的多部法规又被重新修订,市场日渐规范。

1998—2011 年十余年间,对中小投资者的法律保护主要沿着信息披露制度和成文法的建设两条主线演进,中小投资者法律保护程度得到明显提高。

第二节　理论分析与研究假设

一、中小投资者法律保护变迁与非关联并购

中小投资者保护程度的提高降低并购的交易成本,为并购的不确定事项提供更多的保障和缓解机制。并购是实现资源有效配置的手段,市场摩擦会阻碍有效并购的发生,降低并购的效率,阻碍企业边界的扩张。中小投资者保护程度的提高通过缓解资本市场摩擦,改变并购的相对成本来影响并购行为。

不同的投资者保护阶段,收购方实施并购的交易成本不同。在投资者保护程度弱的时期,收购方可能面临更大的市场摩擦,招致更高的

交易成本,产权受到侵害的潜在危险更大,这些都影响到企业边界扩张的可能性、可行性和效率。交换资产权利时,有关并购契约所确定的各种维度范围取决于边际成本和收益。如果订立并购契约的成本很高,则有一些维度就可能被排除在并购契约之外,但往往这些被排除的维度最终可能成为发生纠纷的根源,加大并购契约的执行难度或监督成本。随着投资者保护程度的提高,并购交易的结果就更具有系统性和可预测性,并购契约内容特定性较小。因此,对投资者的保护降低了并购的交易成本。

实施并购的交易成本较大,一些价值创造型的并购可能难以付诸实施,潜在的并购收益不能实现。随着投资者保护程度的提高,一方面,并购交易成本的下降使并购的边际收益上升,收购方股东获得更大的财富效应;另一方面,更多创造价值的潜在并购付诸实施,收购方股东获得的财富效应增加。我们称之为中小投资者保护变迁的并购鼓励效应。所以,提出如下研究假设:

假设1a:在其他条件相同的情况下,随着中小投资者保护程度的提高,收购方实施非关联并购的财富效应上升。

二、中小投资者法律保护变迁与关联并购

关联并购为上市公司与其关联方实施的并购。关联并购具有双重性,即一方面上市公司利用关联并购节约市场交易成本,另一方面,控股股东利用关联并购直接或间接侵害中小股东利益,甚至掏空上市公司。

(一)中小投资者法律保护与利益侵占型关联并购

中小投资者保护程度的提高使大股东通过关联并购实施利益侵占的成本上升。投资者保护针对的是损害投资者利益的行为。在公司财务理论中,损害投资者利益的行为多指公司控股股东或内部管理层对外部投资者(中小股东)利益的侵害行为。拉普塔等(1997、2000、2002)主张通过法律保护来实现投资者利益的保护。法律对投资者保护程度的差别,最终影响财务决策及其经济后果。中小投资者法律保

护作为使外部投资者免受公司内部人(包括管理者、大股东)剥削的制度安排,是缓解代理问题的重要途径。因为对中小投资者保护的程度越高,管理者损害股东利益或者大股东实施掠夺和利益侵害的成本就越高,从而限制了各种掠夺和利益侵占行为。

股权高度集中的结构下,大股东凭借自身的控制权侵害和掠夺小股东利益,可以通过各种手段以较小的成本获得很大的控制权私利,关联并购是大股东实施掏空的手段之一。同时,在我国资本市场监管的压力下,并购重组甚至成为机会主义驱动下上市公司达到保配目的的手段。中小投资者保护的外部制度安排,加大了大股东利用关联并购损害中小股东利益的成本。当大股东损害中小股东利益涉及法律诉讼时,法律执行效率越高,作出的处罚可能更严厉。出于对后果的预期,可能使大股东利用关联并购实施掠夺和利益侵占的行为有所收敛。中小投资者保护程度越高,收购方实施破坏价值的关联并购行为成本越高,中小投资者保护抑制利益侵占型的关联并购行为。而且,中小投资者保护程度的提高使公司治理环境改善,公司面临的治理要求越来越严格,也抑制其实施利益侵占型关联并购的动机。

投资者保护程度的提高增加利益侵占的成本,降低收购方从利益侵占的关联并购中获得的边际收益。中小投资者可依赖的法律保护加强后,遭受控股股东掠夺时提起诉讼的可能性增加,事后诉讼赔偿也相应提高,管理者损害股东利益或者大股东实施掠夺和利益侵害的成本上升,获取的潜在收益相应下降。随着中小投资者保护程度的提高,市场对利益侵占型的关联并购可能作出更低的评价。我们称之为中小投资者保护变迁的惩罚效应。所以,提出如下研究假设:

假设2a:在其他条件相同的情况下,随着中小投资者保护程度的提高,收购方实施利益侵占型的关联并购获得的财富效应下降。

(二)中小投资者法律保护变迁与非利益侵占型关联并购

企业运营方式及其交易行为与企业组织形式紧密相连。关联并购是企业组织形式变迁到企业集团阶段出现的经济行为。根据新制度经济学的理论,企业的边界取决于交易成本,当通过企业内部市场交易获得的收益大于企业运行的官僚成本,企业边界就会扩张。企业是资源配置的替代机制。企业实施关联并购能够节约交易成本,关联方之间具有较少的信息不对称,内部资本市场能够部分替代外部市场利于并购融资来源。所以,进一步的研究假设如下:

假设 2b:在其他条件相同的情况下,中小投资者保护程度的提高可能不会对收购方实施非利益侵占型的关联并购产生惩罚效应。

第三节　研究设计

一、样本选择和数据来源

(一)样本的建立

我们以 CSMAR"中国上市公司并购重组研究数据库"中 1998—2011 年发生的、上市公司作为收购方公司的股权标的并购事件作为初选样本,然后按以下标准进行筛选:第一,由于财务指标不可比,剔除收购方公司或目标公司为金融行业的并购事件;第二,前后两次并购至少间隔 6 个月;第三,当同一家上市公司在同一天宣告两笔或两笔以上的并购交易时,如果目标公司不是同一家公司时,为避免目标公司异质性对并购的累积超额收益率产生噪音,对这样的并购事件给予剔除,如果是同一家上市公司与同一目标公司的不同股东进行并购交易,则将这些交易合并为一个事件;第四,剔除上市当年发生的并购事件;第五,为避免并购以外的其他重大公告可能会对并购的超常累积收益率产生噪音,剔除在并购首次公告日当天和公告日前后 10 个交易日内同时进行了其他重大公告的样本公司,包括披露季报、中报和年报,增发配股公告,分红公告等;第六,剔除无法识别目标公司行业和性质的并购事件;第七,剔除财务指标存在缺失的并购事件;第八,由于对投资者保护的要求不同,剔除同时发行 B 股、H 股的上市公司。筛选后共得到样本观测点 1751 个,其中非关联并购样本观测点 646 个,关联并购样本观测点 1105 个。

　　为区分利益侵占型与非利益侵占型的关联并购,基于掏空支持理论对上述关联并购样本观测点作进一步筛选。掏空(tunneling)指控股股东侵占上市公司利益的行为(约翰森等,2000),支持(propping)指控股股东向上市公司输送利益的行为(弗莱德曼等,2003)。但是,支持并非完全有利于上市公司。控股股东的支持目的在于保持上市公司的存续,继续享有资本市场融资等便利,为控股股东聚集资源以利于伺机实施掏空。我国上市公司与控股股东存在紧密关系,控股股东为了维持母公司的存续或当地的经济与社会发展,在上市公司无法保有上市资格或无法达到再融资监管要求的情况下,控股股东不得不向上市公司输送利益进行支持。其中,关联并购就是控股股东支持上市公司的方式。本章将支持和掏空动机驱动的关联并购定义为利益侵占型,具体为上市公司为保住上市资格或未达到配股要求时进行的并购。支持动机下的关联并购又可分为保壳型关联并购和保配型关联并购。保壳型关联并购定义如下:如果上市公司在并购前出现了亏损,则目的很可能是通过并购来提高业绩,以保住壳资源,因此,将这类公司进行的并购定义为保壳型关联并购。具体来讲,这类公司是指在并购前 2 年的净资产收益率为负,并购当年末净资产收益率为正。保配型关联并购定义如下:如果上市公司在并购后 3 年内提出了配股申请,而且这些公司在并购前业绩未达到配股资格要求,其配股资格很可能就是通过并购来实现的,这些并购视为保配型关联并购(李增泉等,2005)。掠夺型关联并购定义为:并购前 3 年收购方连续盈利,但并购当年末亏损的关联并购。其余为非利益侵占型关联并购样本点。

　　(二)代理变量和数据来源

　　中小投资者法律保护分值。沈艺峰等(2004)从股东权利制度和信息披露制度两个方面建立了 1992—2003 年的中小投资者法律保护分值,肖珉(2007)在此基础上沿用沈艺峰等(2004)的研究思路和方法,建立了 2004 年的中小投资者法律保护分值。曾昭灶等(2012)使用同样的方法从股东权利和信息披露制度两个方面建立了 2000 —— 2008 年的中小投资者法律保护分值。本研究使用这些分值作为度量我国中小投资者法律保护程度的指标,如表 5-1 所示,当某项条款首次由法律或法规作相应规定时,分别加 2 分和 1 分。当某项条款已由法律或法规作了规定,而后出台的法律或法规又对相同条款作了规定,如果新规定比旧规定在相同条款上作了更强更具体的规定,分别加 1 分和 0.5 分。凡与上述各条款作相反规定时,各条款则减去相应的分值。▲、*、◆ 分别表示加 0.5 分、1 分、-1 分。

表 5-1　中小投资者法律保护年度分值

时间		股东权利							其他制度与政策									法律分值	
		1 临时股东大会召集权	2 代理表决权	3 通信表决权	4 一股一票	5 股东起诉权利	6 累积表决权	7 重大事项表决方式	8 上市公司信息披露	9 会计政策与审计制度	10 外部独立董事	11 送配股政策	12 内部人股权转让	13 管理层董监事持股规定	14 内幕交易	15 关联交易	16 限制大股东行为的规定	新增法律保护条款赋值	累计分值
1997	1.1																▲	0.5	32.5
	1.6								▲									0.5	33
	3.3								▲						▲			1	34
	4.1								▲									0.5	34.5
	10.1								*						*			2	36.5
	12.16		▲			▲		▲	▲							▲	*	3.5	40
1998	6.8								▲									0.5	40.5
	12.10								▲									0.5	41
1999	3.17								▲									0.5	41.5
	5.6															▲		0.5	42

续表

时间	1 临时股东大会召集权	2 代理表决权	3 通信表决权	4 一股一票	5 股东起诉权利	6 累积表决权	7 重大事项表决方式	8 上市公司信息披露	9 会计政策与审计制度	10 外部独立董事	11 送配股政策	12 内部人股权转让	13 管理层董监事持股规定	14 内幕交易	15 关联交易	16 限制大股东行为的规定	新增法律保护条款赋值	累计分值
6.14											▲						0.5	42.5
7.1			*					*					*	*			4	46.5
12.8								▲									0.5	47
2000 5.18	▲		◆		▲												0	47.0
6.6															▲		0.5	47.5
6.15								▲									0.5	48.0
7.1									*								1	49.0
2001 3.15											▲						0.5	49.5
3.19								▲							▲	▲	1.5	51.0
3.28									▲		▲				▲		1.5	52.5
4.6								▲									0.5	53.0
12.10								▲									0.5	53.5
2002 1.7			*	▲	*			▲							▲	▲	4	57.5
1.15				▲													0.5	58.0
6.22								▲									0.5	58.5
6.30											▲						0.5	59.0
2003 2.1								▲									0.5	59.5
8.28														*			1	60.5
10.28								▲						**			2.5	63.0

续表

时间		股东权利							其他制度与政策									法律分值	
		1 临时股东大会召集权	2 代理表决权	3 通信表决权	4 一股一票	5 股东起诉权利	6 累积表决权	7 重大事项表决方式	8 上市公司信息披露	9 会计政策与审计制度	10 外部独立董事	11 送配股政策	12 内部人股权转让	13 管理层董监事持股规定	14 内幕交易	15 关联交易	16 限制大股东行为的规定	新增法律保护条款赋值	累计分值
	12.1								▲									0.5	63.5
2004	1.31								▲	▲								1	64.5
	2.5																*	1	65.5
	8.28a	*	*		*			*	*	*		*		*				8	73.5
	8.28b								*				*	*	*			4	77.5
	12.7							▲	▲		▲	▲					▲	2.5	80.0
2005	10.19													▲			▲	1	82.0
	10.27a	*	*		*	**	**	*	*	*	**	*	**	*		**	**	20	102.0
	10.27b														*		**	3	105.0
2006	2.50									▲								0.5	105.5
	2.14															▲		0.5	106.0
	3.7															▲		0.5	106.5
	4.10								▲									0.5	107.0
	5.8a								▲									0.5	107.5
	5.8b								▲									0.5	108.0
	5.17								▲									0.5	108.5
	5.18a								*									1	109.5
	5.18b								▲									0.5	110.0
	5.26								▲									0.5	110.5

续表

| 时间 | | 股东权利 | | | | | | | 其他制度与政策 | | | | | | | | | 法律分值 | |
		1 临时股东大会召集权	2 代理表决权	3 通信表决权	4 一股一票	5 股东起诉权利	6 累积表决权	7 重大事项表决方式	8 上市公司信息披露	9 会计政策与审计制度	10 外部独立董事	11 送配股政策	12 内部人股权转让	13 管理层董监事持股规定	14 内幕交易	15 关联交易	16 限制大股东行为的规定	新增法律保护条款赋值	累计分值
	6.5								▲							▲		1	111.5
	7.31								*							*		2	113.5
	8.4								▲									0.5	114.0
	9.28								▲							▲		1	115.0
	11.30								▲									0.5	115.5
	12.8								▲									0.5	116.0
2007	2.15								▲									0.5	116.5
	3.2															▲		0.5	117.0
	6.28												*					0.5	117.5
	8.15								▲									0.5	118.0
	8.28								▲	▲								0.5	118.5
	12.17								▲	▲								1.5	120.0
	12.27									▲								0.5	120.5
2008	8.27								▲						▲	▲	▲	2	122.5
	10.9								▲			*						1.5	124.0

资料来源:沈艺峰、许年行、杨熠:《我国中小投资者法律保护历史实践的实证检验》,《经济研究》2004年第9期,第93页;曾昭灶、李善民、陈玉罡:《我国控制权转移与投资者保护关系的实证研究》,《管理学报》2012年第7期,第963页。

企业性质。对于收购方公司和上市的目标公司,根据上市公司的实际控制人性质来判断上市公司是属于国有还是民营性质,实际控人性质来自 CSMAR、CCER 和 Wind 数据库。对于不是上市公司的目标公司,通过逐一查阅并购公告,从中获取关于目标公司性质的信息,并购公告查自网易财经,并使用百度搜索引擎作为辅助查找工具。

企业所处行业。对于收购方公司,直接使用 CSMAR 数据库中的行业分类数据。对于目标公司,通过逐一查阅并购公告中披露的目标公司经营范围,参照中国证监会的行业分类标准进行确定。

其余财务数据和计算并购的累积超额收益率所使用的交易数据均来自 CSMAR 数据库。

二、回归模型与变量定义

根据前文的分析,构建如下模型并使用 OLS 回归方法检验研究假设:

$$CAR_i = \beta_0 + \beta_1 Pro_i + \beta_2 Size_i + \beta_3 Lev_i + \beta_4 Grow_i + \beta_5 Cfo_i + \beta_6 Vol_i + \beta_7 Sind_i + \beta_8 Stat_i + \beta_9 Priv_i + \beta_{10} Spro_i + \beta_{11} Indb_i + \beta_{12} Ulti_i + \beta_{13} \sum YearD + \varepsilon$$

CAR 是被解释变量,表示收购方公司的并购财富效应,是并购首次公告日前后若干个交易日收购方公司的累积超额收益率,使用市场模型法来计算收购方公司的累积超额收益率。其中,两个参数的估计区间为并购首次公告日前 180 个交易日至公告前 30 个交易日。

Pro 是测试变量,为中小投资者保护程度。由于中小投资者保护是重点关注的变量,所以使用多个方法进行衡量。其中,Pro1 为并购前 3 年中小投资者法律保护分值(见表 5-1);Pro2 代表阶段中小投资者法律保护程度,如前所述,将 1997—2011 年划分为中小投资者法律保护的三个阶段,通过计算阶段内年度中小投资者法律保护分值的平均值得到阶段中小投资者法律保护程度。

使用如下控制变量:公司特征变量包括企业规模 Size、负债水平 Lev、成长性 Grow、自由现金流量水平 Cfo,实际控制人类型 Ulti、交易特征变量包括交易规模 Vol、并购类型 Sind、国有化 Stat、民营化 Pri、是否异地并购 Spro、并购年度 YearD、收购方行业 Indb。

第四节 实证结果分析

一、非关联并购实证结果分析

(一)并购公告窗口期市场反应

在并购首次公告的若干窗口期中,收购方公司在并购首次公告日前10个交易日的窗口期内均获得显著为正的累积超额收益率。其中,并购公告前1个交易日CAR(-1,0)、并购公告前1个交易日到公告后3个交易日CAR(-1,3)、并购公告前3个交易日到公告后1个交易日CAR(-3,1)、并购公告前后1个交易日CAR(-1,1)直至并购公告前后7个交易日CAR(-7,7)的累积超额收益率均在1%水平下大于0。并购公告前后8、9、10个交易日的累积超额收益率CAR(-8,8)、CAR(-9,9)、CAR(-10,10)也均在5%水平下大于0。非关联并购收购方公司股价反应显著为正(见表5-2)。

表5-2 非关联并购市场反应(N=646)

	均值	T值		均值	T值
CAR (-1,0)	0.01	5.31***	CAR (-4,4)	0.02	3.43***
CAR (0,1)	0.01	3.73***	CAR (-5,5)	0.01	3.08***
CAR (-1,3)	0.01	3.21***	CAR (-6,6)	0.02	3.02***
CAR (-3,1)	0.02	5.09***	CAR (-7,7)	0.02	2.84***
CAR (-1,1)	0.01	4.79***	CAR (-8,8)	0.02	2.72**
CAR (-2,2)	0.02	4.72***	CAR (-9,9)	0.02	2.42**
CAR (-3,3)	0.01	3.80***	CAR (-10,10)	0.02	2.39**

注:***、**、*分别表示显著性水平小于1%、5%、10%。

表5-3 对样本期间各年并购样本的累积超额收益率进行了方差分析,各年并购样本 CAR 存在差异,CAR(-1,0)、CAR(-3,1)、CAR(-1,1)、CAR(-2,2)、CAR(-3,3)、CAR(-6,6)分别在 10%、5% 水平下存在显著差异。初步表明中小投资者保护程度不同的年份,并购公告窗口期的累积超额收益率不同。

表5-3 非关联并购市场反应方差分析(N=646)

	F 值	P 值		F 值	P 值
CAR(-1,0)	1.77*	0.06	CAR(-4,4)	1.49	0.14
CAR(0,1)	0.89	0.54	CAR(-5,5)	1.43	0.16
CAR(-1,3)	1.37	0.19	CAR(-6,6)	1.63*	0.09
CAR(-3,1)	2.10**	0.02	CAR(-7,7)	1.36	0.19
CAR(-1,1)	1.76*	0.06	CAR(-8,8)	1.23	0.27
CAR(-2,2)	1.82**	0.05	CAR(-9,9)	1.04	0.41
CAR(-3,3)	1.62*	0.10	CAR(-10,10)	0.96	0.47

注:***、**、* 分别表示显著性水平小于 1%、5%、10%。

(二)多元回归分析

表5-4 对中小投资者保护变迁与收购方公司非关联并购财富效应进行了多元回归分析。1998—2011 年期间,中小投资者保护程度的提高与收购方公司非关联并购财富效应正相关,Pro1、Pro2 的系数分别为 0.001、0.00,T 值分别为 3.52、5.26,P 值分别为 0.00、0.00,均在 1% 水平下显著为正。表明随着中小投资法律保护程度的提高,收购方公司可从非关联并购中获得更多的财富效应。表5-4 显示,中小投资者保护程度的提高并不是均匀的,究竟是哪个时期的投资者保护程度更有效? 为此,第一,将样本期间划分 1998—2005 年、2001—2011 年两个时期。回归结果显示 2001—2011 年中小投资者保护程度的提高与收购方公司非关联并购财富效应正相关,而 1998—2005 年期间中小投资者保护程度的提高与收购方公司非关联并购财富效应不再存在显

著相关关系。第二,注意到2005年后投资者保护分值增加更快,表明投资者保护程度比以往年度有了较大幅度的提升,所以将样本期间划分为1998—2004年、2005—2011年两个阶段。在2005—2011年期间,中小投资者保护程度的提高与收购方公司非关联并购财富效应正相关,Pro1、Pro2在5%水平下显著为正,系数为0.001,T值为4.21,P值为0.01,而在1998—2004年期间,中小投资者保护程度的提高与收购方公司非关联并购财富效应不存在显著相关关系[1]。这表明,主要是2005年后中小投资者法律保护程度的提高带来收购方并购财富效应的增加。

表5-4 中小投资者保护变迁与非关联并购收益

因变量 \ 自变量	CAR(-1,1)						
	1998—2011年		1998—2005年		2001—2011年		2005—2011年
C	0.04* (1.92) (0.08)	0.04** (3.01) (0.01)	0.04 (1.55) (0.16)	0.03 (1.10) (0.30)	0.03 (1.24) (0.25)	0.07*** (3.70) (0.00)	0.10** (3.54) (0.02)
Prot1	0.001*** (3.52) (0.00)		-0.00 (-1.33) (0.22)		0.001*** (5.34) (0.00)		
Prot2		0.00*** (5.26) (0.00)		-0.00 (-0.64) (0.54)		0.001*** (6.28) (0.00)	0.001** (4.21) (0.01)
Size	-0.01*** (-4.15) (0.00)	-0.01*** (-4.74) (0.00)	-0.00 (-1.05) (0.32)	-0.00 (-1.08) (0.31)	-0.01*** (-6.09) (0.00)	-0.01*** (-6.45) (0.00)	-0.01*** (-8.46) (0.00)
Lev	0.04*** (6.17) (0.00)	0.04*** (6.18) (0.00)	0.04 (1.85) (0.10)	0.04 (1.88) (0.10)	0.04*** (5.62) (0.00)	0.04 (5.59) (0.00)	0.03 (8.85) (0.00)

[1] 未报告。

续表

因变量 自变量	CAR(-1,1)						
	1998— 2011 年		1998— 2005 年		2001— 2011 年		2005— 2011 年
Grow	0.002 (0.93) (0.37)	0.001 (0.81) (0.43)	-0.00 (-0.34) (0.74)	-.00 (-0.12) (0.90)	0.00 (0.97) (0.36)	0.04 (0.84) (0.43)	0.003 (0.46) (0.67)
Cfo	0.004 (0.35) (0.73)	0.004 (0.32) (0.75)	0.01 (0.39) (0.70)	0.01 (0.48) (0.64)	0.00 (0.07) (0.94)	0.001 (0.06) (0.95)	-0.01 (-0.42) (0.69)
Vol	0.001** (2.27) (0.04)	0.00* (1.99) (0.07)	0.00 (1.11) (0.30)	0.00 (1.21) (0.26)	0.00** (2.55) (0.03)	0.00 (2.35) (0.05)	0.00 (1.88) (0.13)
Sind	-0.01 (-0.94) (0.37)	-0.01 (-1.02) (0.33)	0.00 (0.68) (0.51)	0.003 (0.68) (0.51)	-0.01 (-0.79) (0.45)	(-0.01) (-0.81) (0.44)	-0.01 (-1.02) (0.36)
Sta	-0.01 (-0.84) (0.42)	-0.01 (-0.90) (0.38)	-0.00 (-0.90) (0.39)	-0.004 (-0.90) (0.40)	-0.003 (-0.52) (0.61)	-0.003 (-0.52) (0.61)	-0.004 (-0.45) (0.67)
Priv	0.02 (1.09) (0.30)	0.02 (1.18) (0.26)	-0.01 (-1.52) (0.17)	-0.01 (-1.62) (0.14)	0.02 (1.07) (0.32)	0.02 (1.15) (0.28)	0.04 (2.34) (0.08)
Spro	-0.01 (-0.88) (0.39)	-0.01 (-0.85) (0.41)	-0.01 (-1.75) (0.12)	-0.01 (-1.80) (0.11)	-0.003 (-0.48) (0.64)	-0.00 (-0.49) (0.64)	-0.00 (-0.24) (0.82)
Indb	0.02* (1.94) (0.08)	0.02* (1.93) (0.08)	-0.00 (-0.40) (0.70)	-0.004 (-0.36) (0.72)	0.02 (2.38) (0.04)	0.02** (2.47) (0.04)	0.03* (2.32) (0.08)
Ulti	-0.01 (-1.06) (0.31)	-0.01 (-1.36) (0.20)	-0.00 (-0.28) (0.78)	-0.001 (-0.23) (0.82)	-0.01 (-1.32) (0.23)	-0.01 (-1.51) (0.17)	-0.01* (-1.95) (0.12)
YearD	Y	Y	Y	Y	Y	Y	Y
N	646	646	361	361	547	547	323
R^2	0.06	0.07	0.06	0.06	0.08	0.08	0.07

注:回归结果中第一个括号内为 T 值,第二个括号内为 P 值。回归时采用了 Petersen(2009) 方法从公司和年度两个维度来修正可能出现的异方差性、序列和截面相关性。后续的回归分析均使用该方法。***、**、* 分别表示显著性水平小于 1%、5%、10%。

二、关联并购实证结果分析

(一)并购公告日窗口期市场反应

在并购首次公告的若干窗口期中,利益侵占型并购在并购首次公告日前后10个交易日的窗口期内基本均无显著的累积超额收益率,收购方公司股价反应不显著。非侵占型关联并购在某些窗口期,仍可获得正的市场反应(见表5-5)。

表5-5 关联并购市场反应

	利益侵占型关联并购			非利益侵占型关联并购
	保壳	保配	掠夺	
	均值	均值	均值	均值
CAR(−1,0)	1.18	2.04*	1.70	3.44***
CAR(0,1)	0.28	−0.33	0.21	0.02
CAR(−1,1)	0.88	0.43	0.71	1.90*
CAR(−2,2)	0.98	0.14	−0.14	1.49
CAR(−3,3)	1.37	0.76	−0.39	1.87*
CAR(−4,4)	1.47	0.85	−0.54	1.76
CAR(−5,5)	1.53	0.26	−0.52	1.59
CAR(−6,6)	1.39	0.16	−0.54	1.80*
CAR(−7,7)	1.44	0.20	−0.47	1.59
CAR(−8,8)	1.35	0.06	−0.43	1.86*
CAR(−9,9)	1.46	0.17	−0.54	1.85*
CAR(−10,10)	1.49	0.78	−0.70	1.85*

注:***、**、*分别表示显著性水平小于1%、5%、10%。

我们也对样本期间各年关联并购样本的累积超额收益率进行了方差分析,如表5-6所示,利益侵占型关联并购样本各年CAR不存在显著差异,非利益侵占型关联并购样本某些窗口期的CAR在各年存在显著差异。

表5-6 关联并购样本市场反应方差分析

	利益侵占型关联并购			非利益侵占型关联并购样本
	保壳	保配	掠夺	
CAR(-1,0)	1.35	0.48	1.00	1.86*
CAR(0,1)	1.42	2.58	1.17	0.56
CAR(-1,1)	1.45	0.98	1.00	1.47
CAR(-2,2)	1.12	0.70	1.24	1.88**
CAR(-3,3)	1.15	0.71	1.45	1.89**
CAR(-4,4)	1.15	0.62	1.32	1.45
CAR(-5,5)	1.04	1.67	0.94	0.99
CAR(-6,6)	0.68	1.15	0.99	1.28
CAR(-7,7)	0.66	0.99	0.82	1.21
CAR(-8,8)	0.56	0.92	0.70	0.95
CAR(-9,9)	0.55	0.56	0.57	0.93
CAR(-10,10)	0.56	0.58	0.59	0.96

注:***、**、*分别表示显著性水平小于1%、5%、10%。

(二)多元回归分析

表5-7对保壳和保配关联并购子样本组进行回归分析,结果显示,中小投资者保护程度的提高并未对保壳型关联并购的财富效应产生显著影响,这一结果在不同的划分期间均稳健成立。具体结果如下,1998—2011年,保壳子样本组Prot1系数为-0.01,t值为-0.61,P值为0.55,Prot2系数为-0.00,t值为-0.69,P值为0.50。2005—2011年,Prot2系数为-0.001,t值为-1.09,P值为0.35。但是,中小投资者保护程度的提高使保配型关联并购的财富效应降低。回归结果显示,在保配子样本组中,Prot1的系数为-0.001,t值为-4.31,P值为0.00,Prot2的系数为-0.002,t值为-3.07,P值为0.02。中小投资者保护程度的提高与保配型关联并购的财富效应显著负相关。支持是为了保住上市公司壳资源的价值,以便实施后续的掏空。所以,支持型关联并购

仍是有损于中小投资者利益的。因此,随着中小投资者保护程度的提高,支持型关联并购的财富效应下降。中小投资者保护程度提高导致支持型关联并购收益下降,这一效应只存在于保配支持型并购中,在保壳支持型并购中并不明显。可能的原因在于,实施保配支持型并购后,上市公司通过配股获得资金来源,可为后续控股股东实施掏空提供更多资源,对中小投资者的损害更大;保壳支持型并购只是保住了上市公司作为"壳资源"存在的资格,上市公司保壳成功后还不具备向控股股东输送利益的能力,控股股东暂时无法实施后续的掏空,对中小投资者的损害相对小一些。所以,中小投资者保护程度的提高的惩罚效应在保配型关联并购中更为显著。

表 5-7　中小投资者保护程度变迁与
保壳保配关联并购财富效应

因变量 自变量	CAR(-1,1)				
	保壳子样本组			保配子样本组	
	1998—2011 年		2005—2011 年	1998—2011 年	
C	-0.24* (-1.83) (0.09)	-0.27** (-2.35) (0.04)	-0.35 (-2.02) (0.13)	0.005 (0.01) (0.98)	-0.16 (-0.50) (0.63)
Prot1	-0.001 (-0.61) (0.55)			-0.002*** (-4.31) (0.00)	
Prot2		-0.00 (-0.69) (0.50)	-0.001 (-1.09) (0.35)		-0.002** (-3.07) (0.02)
Size	0.01** (2.48) (0.03)	0.01** (2.81) (0.01)	0.02** (4.65) (0.01)	0.003 (0.18) (0.86)	0.01 (0.47) (0.65)
Lev	0.02 (0.29) (0.77)	0.02 (0.34) (0.73)	0.01 (0.14) (0.89)	0.10 (2.48) (0.04)	0.14*** (5.88) (0.00)

续表

因变量\自变量	CAR(-1,1)				
	保壳子样本组			保配子样本组	
	1998—2011 年	2005—2011 年		1998—2011 年	
Grow	-0.001 *** (-4.17) (0.00)	-0.001 *** (-4.47) (0.00)	-0.02 (-1.94) (0.14)	-0.01 (-5.35) (0.00)	-0.01 ** (-3.67) (0.01)
Cfo	-0.01 (-0.28) (0.78)	-0.01 (-0.25) (0.81)	0.01 (0.31) (0.78)	-0.12 (-1.20) (0.27)	-0.08 (-1.87) (0.11)
Vol	-0.00 (-0.07) (0.94)	-0.00 (-0.05) (0.96)	-0.00 (-0.14) (0.89)	0.00 * (1.98) (0.09)	0.00 (1.77) (0.12)
Sind	-0.01 (-0.71) (0.49)	-0.01 (-0.71) (0.49)	0.01 (0.92) (0.42)	0.01 (1.08) (0.32)	0.02 * (2.43) (0.05)
Spro	0.01 (0.64) (0.53)	0.02 (0.74) (0.47)	0.03 (1.43) (0.24)	-0.02 (-1.00) (0.35)	-0.01 (-0.58) (0.58)
Indb	0.22 *** (10.69) (0.00)	0.23 *** (10.40) (0.00)	0.20 *** (8.38) (0.00)	0.09 *** (8.11) (0.00)	0.09 *** (9.67) (0.00)
Ulti	0.03 (1.61) (0.13)	0.03 (1.63) (0.13)	0.02 (1.22) (0.30)	0.04 *** (5.10) (0.00)	0.04 ** (3.65) (0.01)
N	92	92	55	42	42
R^2	0.15	0.15	0.21	0.75	0.75

注:①关联并购不再需要控制国有化或民营化,所以回归中未加入。

②限于样本量,利益侵占型关联并购未加入年度哑变量,但我们仍进行了时间维度的聚类标准误调整。

③保配型关联并购在 2005 年后样本观测点很少(如表 5-1 所示),故未进行分时期检验。

④我们同样将样本期间划分为 1998—2004 年、2005—2008 年两个阶段。在 1998—2004 年期间,中小投资者保护程度的提高与收购方公司非关联并购财富效应不存在显著相关关系,故未报告。

⑤括号内为 T 值和 P 值。***、**、* 分别表示显著性水平小于 1%、5%、10%。

表 5-8 对掠夺型关联并购样本进行了回归分析。1998—2011 年,

Prot2 的系数为 0,t 值为-2.78,P 值为 0,与累积超额收益率显著负相关。表明随着中小投资者保护程度的提高,掠夺型关联并购的财富效应下降。这一效应在 2005 年后较明显。

表 5-8　中小投资者保护变迁与掠夺型关联并购财富效应

因变量＼自变量	CAR(-1,1)						
	1998—2011 年		1998—2005 年		2001—2011 年		2005—2011 年
C	0.41 (1.06) (0.31)	0.31 (0.87) (0.40)	-0.23 (-0.76) (0.48)	-0.20 (-0.70) (0.51)	0.40 (0.92) (0.38)	0.31 (0.78) (0.46)	0.95 (1.61) (0.18)
Prot1	-0.001 (-1.29) (0.23)		0.00 (1.26) (0.26)		-0.001 (-1.17) (0.28)		
Prot2		-0.00** (-2.78) (0.02)		0.00 (0.95) (0.38)		-0.001** (-2.70) (0.03)	-0.003** (-4.37) (0.02)
Size	-0.02 (-1.00) (0.34)	-0.01 (-0.80) (0.44)	0.01 (0.67) (0.53)	0.01 (0.62) (0.56)	-0.02 (-0.88) (0.40)	-0.01 (-0.73) (0.49)	-0.04 (-1.46) (0.21)
Lev	0.00 (0.04) (0.96)	0.01 (0.12) (0.90)	0.05 (0.72) (0.50)	0.05 (0.71) (0.50)	0.003 (0.06) (0.95)	0.01 (0.12) (0.91)	-0.04 (-0.91) (0.41)
Grow	-0.01 (-0.30) (0.77)	-0.01 (-0.35) (0.73)	-0.04 (-1.53) (0.18)	-0.04 (-1.52) (0.18)	-0.01 (-0.28) (0.78)	-0.01 (-0.37) (0.71)	0.07 (1.05) (0.35)
Cfo	-0.09 (-0.95) (0.37)	-0.06 (-0.63) (0.54)	-0.13 (-1.05) (0.34)	-0.13 (-1.00) (0.36)	-0.09 (-0.98) (0.35)	-0.06 (-0.66) (0.52)	-0.08 (-1.13) (0.32)
Vol	0.00 (0.73) (0.48)	0.00 (0.88) (0.40)	0.00 (2.56) (0.05)	0.00* (2.34) (0.06)	0.00 (0.73) (0.48)	0.00 (0.86) (0.41)	-0.00 (-0.57) (0.60)
Sind	0.00 (0.09) (0.93)	-0.00 (-0.06) (0.95)	0.03 (1.61) (0.16)	0.03 (1.64) (0.16)	0.005 (0.09) (0.93)	-0.003 (-0.06) (0.95)	-0.04 (-0.36) (0.73)

因变量 自变量	CAR(-1,1)						
	1998— 2011 年		1998— 2005 年		2001— 2011 年		2005— 2011 年
Spro	-0.01 (-0.53) (0.61)	-0.01 (-0.77) (0.46)	-0.01 (-0.54) (0.61)	-0.01 (-0.47) (0.65)	-0.01 (-0.45) (0.66)	-0.01 (-0.70) (0.50)	-0.02 (-0.34) (0.75)
Ulti	-0.02 (-1.44) (0.18)	-0.02 (-1.44) (0.18)	-0.01 (-1.07) (0.33)	-0.01 (-0.98) (0.37)	-0.02 (-1.65) (0.14)	-0.02 (-1.63) (0.14)	-0.02 (-0.51) (0.63)
N	54	54	39	39	48	48	28
R^2	0.21	0.24	0.49	0.49	0.20	0.20	0.36

注:括号内为 T 值和 P 值。***、**、* 分别表示显著性水平小于 1%、5%、10%。

表5-9 显示,1998—2011 年,Prot1、Prot2 的系数分别为 0、0,t 值分别为 2.20、2.42,P 值分别为 0.06、0.04,与累积超额收益率显著相关。表明随着中小投资者保护程度的提高,非利益侵占型的关联并购仍可获得正的财富效应,市场可区分关联并购的类型,并未对其产生惩罚效应。这一效应在 2005 年后较为明显。

表5-9 中小投资者保护变迁与非利益
侵占型关联并购财富效应

因变量 自变量	CAR(-1,1)		
	1998—2011 年		2005—2011 年
C	-0.01 (-1.09) (0.31)	-0.04 (-0.20) (0.84)	-0.02 (-0.64) (0.55)
Prot1	0.00 * (2.20) (0.06)		
Prot2		0.00** (2.42) (0.04)	0.00** (3.49) (0.02)

续表

自变量 \ 因变量	CAR(−1,1)		
	1998—2011 年		2005—2011 年
Size	−0.001 (−0.68) (0.51)	−0.001 (−0.87) (0.41)	−0.00 (−0.11) (0.91)
Lev	0.02*** (3.87) (0.00)	0.02*** (3.80) (0.00)	0.003 (0.62) (0.56)
Grow	−0.001 (−1.41) (0.20)	−0.001 (−1.42) (0.19)	−0.001 (−1.10) (0.33)
Cfo	−0.01 (−0.26) (0.80)	−0.01 (−0.27) (0.79)	−0.01 (−0.22) (0.83)
Vol	0.001 (1.78) (0.11)	0.00 (1.81) (0.11)	0.00 (1.98) (0.11)
Sind	0.00 (0.12) (0.90)	0.00 (0.12) (0.90)	0.00 (0.07) (0.94)
Spro	0.002 (1.81) (0.11)	0.002 (1.68) (0.13)	0.002 (1.14) (0.31)
Indb	−0.002 (−0.24) (0.81)	−0.003 (−0.28) (0.78)	−0.01 (−0.46) (0.67)
Ulti	−0.001 (−0.23) (0.82)	−0.002 (−0.31) (0.76)	−0.001 (−0.17) (0.87)
YearD	Y	Y	Y
N	916	916	534
R^2	0.02	0.03	0.01

注:括号内为 T 值和 P 值。***、**、* 分别表示显著性水平小于 1%、5%、10%。

三、稳健性检验

第一,前文分析表明 2006 年是我国资本市场制度建设的分水岭,中小投资者法律保护程度有了明显提高。我们使用哑变量衡量中小投资者保护程度，若并购事件发生在 2006 年后，取值为 1，否则为 0。研究结论仍稳健成立。

第二，股权分置改革本身可能对并购财富效应产生影响，影响机理为：股权分置改革可抑制并购的投机性（吴晓求，2004），通过构筑大小股东共同的利益基础，抑制大股东通过资产重组等对小股东的掠夺；股份流动性的提高为市场化并购的发生提供平台，降低潜在的价值创造型并购的交易成本。为分析股权分置改革本身是否对并购财富效应具有内生性影响，我们使用常被用做政策效果检验的双重差分模型（difference-in-difference）进行了检验。我国股权分置改革在时间上是逐步推进的，这为利用计量分析中的自然实验（natural experiment）和双重差分模型提供了条件。股改一方面制造了同一上市公司在股改前后的差异，另一方面又制造了在同一时点上已股改和未股改公司之间的差异，从而识别出政策所带来的因果效应。研究并不支持股改本身对并购财富效应产生影响。

中小投资者保护的动态变迁与非关联并购、关联并购财富效应的关系表明，随着中小投资者保护程度的提高，收购方可从非关联并购中获得更大的财富效应，但会从保配型和掠夺型的关联并购中遭受更多财富效应的损失。中小投资者保护变迁产生并购鼓励效应和惩罚效应。随着中小投资者保护程度的提高，非利益侵占型的关联并购仍可使收购方的财富效应增加，但保配型关联并购的财富效应不随中小投资者保护程度的提高发生显著变化。

因此，改善资本市场法律制度环境和运行基础，能够对上市公司财务行为产生激励作用。应继续推进资本市场制度建设，坚持市场化改革方向，强化法律监管机制。在进一步推进我国投资者保护制度的建设和完善的同时，注重从提高执行效率的角度来加强对投资者的保护。

第六章 现金流权与控制权的分离 程度对并购收益的影响

权力集中影响公司边界和并购收益。实际控制人现金流权和控制权的分离是股权结构的一个重要特征,实际控制人利用两权的分离程度获得更多的控制权私利①。公司治理的基本目标是保护投资者利益。然而,鲜有文献研究现金流权和控制权的分离、内部公司治理因素与并购收益的关系。本章实证检验现金流权和控制权的分离、内部公司治理因素如何影响并购收益? 通过分析地区投资者保护与终极控股股东所有权和控制权的分离对收购方公司并购收益影响的交互效应,探究现金流权和控制权的分离与并购收益之间的关系如何受地区投资者保护的影响?

---

① 现金流权(cashflow right)又称为所有权,是指股东 X 能从公司 Y 正常的经营利润分得的份额。控制权(control right)是指根据出资比例,股东 X 对公司 Y 具有的投票权。在直接控股的单层关系下,假设股东 X 拥有公司 Y 60%的股权,则表明股东 X 对公司 Y 的现金流权为 60%,控制权也为 60%。现金流权和控制权不存在偏离。在多层控股关系下,假设股东 X 拥有公司 A 50%的股权,公司 A 拥有公司 B 40%的股权,公司 B 拥有公司 Y 60%的股权,从股东 X 至底层的公司 Y 之间形成了一条经由 A、B 公司的控制链。那么,股东 X 拥有公司 Y 的现金流权为控制链上各控制权的乘积,即 50%×40%×60% = 12%,控制权为控制链上最小的持股比例即 40%。此时,股东 X 的现金流权与控制权存在偏离,偏离程度为现金流权 12%比上控制权 40%,意即股东 X 凭借对公司 Y12%的所有权,可获得相当于直接拥有公司 Y40%股权时的投票权,获得更多收益。所以,现金流权和控制权的偏离程度越大,股东 X 的财富效应越大。

第一节 理论分析和研究假设

一、现金流量权和控制权的分离程度与并购收益

公司治理研究文献表明,所有权集中是全球公司所有权结构的主导形态(拉普塔等,1999)。对东亚国家(克莱森思等,2000)及新兴市场国家(费西欧和郎 2002)、俄罗斯(切尼,2008)的公司股权结构进行的研究表明,实际控制人(终极控股股东)利用金字塔结构实施对上市公司的控制是一种普遍存在的现象。鉴于实际控制人对上市公司施加的重大影响,2001 年 8 月 2 日、2003 年 12 月 22 日中国证监会先后发布了通知,要求上市公司披露实际控制人及其大致控股结构的信息。2004 年 12 月 13 日中国证监会下达了关于修订《公开发行证券的公司信息披露内容与格式准则第 2 号》的通知,要求上市公司披露公司的实际控制人情况,并以方框图的形式披露公司与实际控制人之间的产权和控制关系。

金字塔结构属于企业集团的典型代表。近十年来,关于企业集团(business group)的研究均溯源于科斯开创性的研究。关于企业集团的研究认为企业集团是弥补外部市场制度缺失(institutional voids)的制度安排,是对外部市场制度缺失的自适应。在新兴市场国家,企业面临诸多外部市场缺陷,如司法保护和法律执行薄弱,严重的信息和代理问题,产品市场、经理人市场和劳务市场的不完备等。当外部资本市场存在制度缺失时,企业集团无法获得资本等资源,信息披露不足导致信贷配给和较强的融资约束。构筑企业集团和内部资本市场(internal capital market)可使上述外部市场制度缺失在企业内部得到替代解决或缓解(坎纳,2000),因为家族控制、企业集团是降低交易成本的制度安排。例如,家族内成员或附属机构间信息不对称程度低,而且"敲竹杠"问题少;公司总部扮演集团内资源配置的角色,将资源向好的项目配置,前提是其拥有控制权,可获得信息。内部资本市场效率和企业集

团内子公司绩效为此提供了支持证据。Stein（1997）发现当外部制度缺失，如东亚国家会计、审计不发达，对外部投资者的保护较弱时，内部资本市场作用更大。国内李增泉、辛显刚和于旭辉（2008）从债务融资约束角度分析了我国民营企业金字塔结构的成因，认为金字塔结构的杠杆效应能够缓解民营企业集团的债务融资约束。企业集团的经济后果在近期被学者们与政府干预联系在一起。当一国或地区法治水平较低时，金字塔结构可以作为法律保护的一种替代机制来保护公司行为与产权免受政府干预，金字塔结构是减少政府干预的机制（程仲鸣、夏新平和余明桂，2008）。

　　但是，实际控制人通过较少的现金流权（所有权）就能实现对位于控制链下游的企业的控制，因而导致了现金流权与控制权的分离，最终金字塔结构使实际控制人通过较小的现金流权控制一家公司，由此产生的乘数效应或杠杆效应带来巨额的控制权私利，金字塔结构为掏空提供了便利。实际控制人与上市公司中小投资者、实际控制人与金字塔控制结构低层级成员公司的其他中小投资者之间的利益冲突为利益侵占观提供了证据支持（莫克等，2005）。同时，还有大量文献研究了东南亚金融危机期间，东南亚国家企业集团金字塔结构与企业价值、资本市场非正常收益的关系，也支持利益侵占观（约翰森等，2000）。在中国资本市场上，民营上市公司的最终控制人也多采用金字塔方式对企业集团内的各个公司进行控制。但尚无文献从并购角度分析实际控制人现金流权和控制权的分离程度对并购收益的影响。

　　所有权结构是一种关于谁拥有公司以及怎样拥有的公司治理机制。因此，所有权结构是公司治理的一个重要方面。终极控股股东具有显著影响公司财务政策的能力。虽然拥有更多所有权（现金流量权）的终极控股股东具有强烈的动机使公司价值最大化，而且其能够收集信息并监督管理者，从而克服现代公司中的一个委托代理问题，即管理者和股东之间的利益冲突问题。但是，当控股股东拥有公司较少现金流量权时，其更可能进行掠夺和获取控股权私有收益的活动。大股东有动机和能力去监督和影响管理者的决策。这种好处由全体小股东分享。然而,出于对管理层的有效控制,大股东同样也有动机和能力去攫取小股东不能分享的控制权私有收益。他们可以牺牲小股东利益来掠夺公司资源,如享受高的薪金,转移公司资产或利润到他们控制的企业中。利用金字塔结构,在控制权超过现金流量权的情况下,控股股东往往会选择利用手中的控制权去"掏空"公司的资源,因为此时只需承担相对较低的成本(较低的现金流权)就可获得更大的收入。施莱弗和维施尼(1997)更是认为当控股股东获得几乎全部公司控制权时,他们偏好产生私有控制权收益,而这些私有控制权收益是小股东不能分享的。代克和津格勒斯(2004)指出,控股股东可以通过控制公司而获取大量的控制权私有收益,如某些特权,甚至在某些情况下可以完全窃取公司资源。特别地,控股股东也许会通过关联交易进行隧道挖掘。终极控股股东现金流量权(所有权)和控制权(投票权)的分离度在公司治理中是非常重要的,因为现金流量权和控制权的分离使终极控股股东有动机从公司获取控制权私有收益。现金流量权和控制权的分离度是衡量终极控股股东掠夺程度的一个重要因素。终极控股股东现金流量权和控制权的分离度反映了基于股份和通过掠夺获取控制权私有利益的差异。现金流量权和控制权的分离度越大,终极控股股东越有动机和能力去掠夺外部投资者财富。在其他条件相同的情况下,代理成本随着现金流量权和控制权分离度的增加而增大。相关的实证研究表明,东亚上市公司终极控股股东的控制权超过现金流量权时公司价值下降(克莱森思等,2002)。一般地,国际经验证据表明终极控股股东现金流量权和控制权的分离度与公司市场价值负相关(Denis,McConnell)(丹尼斯和麦克奈尔,2003)。国内李增泉等(2004)为所有权结构与掏空提供了支持证据。总之,现金流量权和控制权分离度越大预示着终极控股股东更有动机通过隧道挖掘掠夺小股东利益,因为终极控股股东利用控制权进行隧道挖掘获取的利益远远超过其作为一个股东由于隧道挖掘导致公司利益受损而带来的损失。当终极控股股东的控制权超过现金流量权时,其攫取控制权私有收益的动机会显著增强,即更大的现金流量权和控制权的分离度意味着终极控制股东通过隧道掠夺小股东的动机越强。

并购扩大了企业边界和企业内部资本市场规模,实际控制人可以利用复杂不透明的内部市场交易转移财富。随着现金流权和控制权分离程度加大,潜在的控制权私利的成本降低。终极控股股东也可能出于获取控制权私利的动机进行并购,进而损害企业价值。而且,当前我国对外部中小投资者保护仍很欠缺,损害中小投资者利益的行为受罚成本很低。实际控制人的道德风险不仅未得到有效抑制,反而诱使其倾向于强势原则,通过控制权放大效应进行掏空和转移财富等以获取控制权私利,较弱的投资者保护制度为控股股东侵占中小股东的利益提供了可能。出于对并购经济后果的不良预期,市场会给予负面的评价。所以,提出如下研究假设:

假设1:收购方公司实际控制人现金流量权和控制权的分离程度越大,收购方公司获取的并购收益越低。

二、实际控制人类型、两权分离与并购收益

因为不同的实际控制人类型具有不同的激励特征,实际控制人类型很大程度上会影响到企业的价值取向,以及对企业战略和经营方式的选择,最终决定金字塔结构经济后果。国有股先天具有产权残缺——所有者缺位或虚置,全体国民并不实质上拥有现金流权,政府或国有资产管理机构也并不是现金流权的真正拥有者,只是作为国有股的"代理人"——国有资产管理机构,在公司治理中并不是积极的监督者,难以对管理者进行有效的监督和约束。作为国有资本出资人代表的政府官员同一般企业的自然人出资主体的根本区别在于,政府官员并不具有对企业资产剩余的索取权利,而只能得到固定的工资以及与其他行政人员类似的福利,这种没有剩余收益权的控制权是缺乏激励的控制权,所以无法从制度上保证其拥有充分的监督动机和积极性。然而,国有性质的实际控制人虽然缺乏监督激励,但并不意味着它们必然存在掠夺动机。实际上,由于所有者虚置,利用现金流权和控制权的分离低成本掠夺到的利益,没有真正对应的最终享受者——真实存在的实际控制人,由此,利用现金流权和控制权的分离低成本掠夺的动机也相应降低。它们可能不需要通过并购等方式来输送利益,而是直接侵占,如在职消费等。那么,在国有上市公司进行的并购活动中,现金流权和控制权的分离程度可能与收购方公司的并购收益之间并不存在显著关系。民营上市公司存在最终的自然人控制人,两权分离带来的财富效应也使人格化的实际控制人成为最终的、最大的受益者。所以,进一步假设如下:

假设 2:收购方实际控制人的两权分离程度与并购收益的负相关关系可能只存在于民营上市公司中。

三、地区投资者保护、两权分离与并购收益

投资者的保护制度通过限制剥夺来减少中小投资者与控股股东的代理问题。通过使掠夺承受更大的风险和成本,功能完善的法律体系保护外部投资者免受内部人掠夺。当对投资者的保护制度不完善时,内部人能轻易掠夺外部投资者利益,因此必须能够可靠地控制内部人(控股股东/管理者)的机会主义行为。学术界已逐渐注意到在投资者法律保护好的国家中,控制权私有收益会受到显著地抑制(代克和津格勒斯,2004)。当对投资者保护程度高时,预期到实施自利并购进行利益侵占或掠夺的成本和风险会增加,收购方公司可能放弃自利性的并购。如果继续实施自利性的并购,收购方公司可能会遭受更大的并购收益损失。所以,提出以下研究假设:

假设 3a:地区投资者保护程度越高,现金流权和控制权的分离程度与收购方并购收益间的负相关关系越可能降低。

假设 3b:地区投资者保护程度越高,现金流权和控制权的分离程度与收购方并购收益间的负相关关系越可能进一步增加。

第二节　研究设计

一、样本的选择和数据来源

（一）样本的选择

以 CSMAR"中国上市公司并购重组研究数据库"中 2004—2011 年发生的、上市公司作为收购方公司的非关联股权标的并购事件作为初选样本。虽然中国证监会于 2001 年颁布了《公开发行证券的公司信息披露内容与格式准则第 2 号〈年度报告的内容与格式〉（2001 年修订稿）》，要求上市公司在年报中披露其控股股东及其实际控制人的情况，但是从年报披露的实际情况来看，上市公司的实际控制人方框图的披露始于 2004 年。由于实证分析中使用到并购前一年的现金流权和控制权分离程度，为了保持最大样本观察值，本章根据 2004 年的结果并查阅 2003 年年报披露的有关控制关系信息，对 2003 年公司与实际控制人关系进行了整理。所以，实证研究使用的两权分离数据和其他财务数据始于 2003 年。然后按以下标准进行筛选：第一，基于金融行业上市公司的不同性质和会计数据的不同含义，剔除收购方公司或目标公司为金融行业的并购事件；第二，前后两次并购至少间隔 6 个月；第三，当同一家上市公司在同一天宣告两笔或两笔以上的并购交易时，如果目标公司不是同一家公司时，为避免目标公司异质性对并购的超额累积收益率产生噪音，对这样的并购事件给予剔除，如果是同一家上市公司与同一目标公司的不同股东进行并购交易，则将这些交易合并为一个事件；第四，由于上市当年财务数据缺乏可比性，剔除上市当年发生的并购事件；第五，为避免同时披露季报、中报或年报可能会对并购的超常累积收益率产生噪音，剔除在并购首次公告日当天同时披露季报、中报或年报的样本公司；第六，剔除不能完整追溯实际控制人和财务指标存在缺失的并购事件；第七，由于对投资者保护的要求不同，剔除同时发生 B 股、H 股的上市公司；第八，剔除了控制权小于 10% 的样本公司,由于实际控制人对上市公司控制强度难以量化,实证研究通常采用某个临界值来衡量最终控制人对公司的控制强度。拉普塔等(1999)采用公司实际控制人的控制权比例是否达到10%或20%两个不同临界值来判断公司的股权结构类型,如果实际控制人的控制权比例超过上述两个临界值,则认为公司存在着实际控制人。国内实证研究中,王鹏(2008)采用10%或20%的实际控制权来确定是否存在实际控制人。最终得到有效样本266个。

(二)数据来源

本章所使用的数据包括企业特征数据、实际控制人类型和地区投资者保护数据。其中,企业特征数据包括财务数据、控股股东数据、现金流权与控制权数据,财务数据来源于CSMAR数据库,通过逐一查阅各公司年报"公司与实际控制人之间的产权及控制关系方框图"整理得到控股股东数据、现金流权与控制权数据。

地区投资者保护数据使用5个代理变量进行衡量:地区市场中介组织发育程度、律师占地区人口比、注册会计师占地区人口比、是否地处东南沿海环渤海地区、地区信任程度。

二、实际控制人、两权分离程度的确定

(一)实际控制人的确定

追溯实际控制人遵循"最大股东的最大股东"的原则,在识别实际控制人的控制性股权时,以10%控制权的临界值来确认最终控制人。实际控制人是以拥有其他公司的多数股权为基础,因而可将其定义为通过持有其他公司绝对多数获得相对多数表决权的股份,从而实现对其实际控制,以实现利益最大化的最终股权持有者。实际控制人按照以下程序进行确认:首先,确认上市公司是否存在达到一定持股比例的第一层级(即直接的)控制人,如果存在一个或者一个以上的控制人,选择持股比例最大者,再向上追溯第一层控制人的控制人——上市公司的第二层级控制人,依此类推,直到某一层级的控制人不再为其他股东所控制即为上市公司的实际控制人。

（二）两权分离程度的确定与衡量

金字塔结构是一种类似于金字塔的纵向层级控制方式,实际控制人通过一系列中间公司对末端公司进行控制的多层级控制结构。终极控制人位于金字塔控制结构的顶端,由其控制第一层公司,再由第一层公司控制第二层级公司,第二层级公司进而控制第三层公司,依此到达末端的上市公司,且实际控制人对末端公司的控制权达到相应的临界标准。确定公司的终极所有权结构为金字塔结构需满足以下两个条件:一是该公司存在终极控制人;二是在以 10% 和 20% 的控制权形成的控制链上(即在底层公司和终极控制人之间),至少存在一个公开上市公司(即未被终极控制人完全控制的公司)。

现金流权和控制权的衡量使用拉普塔等(1999、2000)的方法,在实际计算中,按实际控制人拥有的控制链进行汇总,即对每一条控制链分别计算出现金流权和控制权后再汇总,得出该实际控制人的现金流权、控制权。现金流权和控制权的偏离系数为现金流权除以控制权。

三、回归模型和变量定义

根据前文的分析,构建如下模型并使用 OLS 回归方法检验本章的研究假设:

$$CAR_i = \beta_0 + \beta_1 \, Cacon_i + \beta_2 \times Cacon_i \, Prob_i + \beta_3 \, Prob_i + \beta_4 \, Cacon_i \times Prot_i + \beta_5 Prot_i + \beta_6 \, Direceo_i + \beta_7 \, Z_i + \beta_8 \, Size_i + \beta_9 \, Lev_i + \beta_{10} \, Grow_i + \beta_{11} \, Cfo_i + \beta_{12} \, Vol_i + \beta_{13} Spro_i + \beta_{14} Sind_i + \beta_{15} Year_i + \varepsilon$$

CAR 是被解释变量,表示收购方公司的并购收益,是并购首次公告日前后若干个交易日收购方公司的累积超额收益率。使用市场模型法来计算收购方公司的累积超额收益率。其中,两个参数的估计区间为并购首次公告日前 150 个交易日至公告前 30 个交易日。

Cacon、Cacon×Prob、Cacon×Prot、Prob、Prot、Direceo、Z 为测试变量。Cacon 是收购方公司现金流权和控制权的分离程度。Prob、Prot 分别是收购方公司所在地和目标方公司所在地的投资者保护程度。Cacon×Prob、Cacon×Prot 分别为两权分离程度与收购方公司所在地投资者保护程度、目标公司所在地投资者保护程度的交互项。中国缺乏有效的经理人市场,管理者通常由终极控股股东委派,终极控股股东对其所控制的公司的管理者团队施加重要影响,公司董事会通常被终极控股股东控制,上市公司的董事会成员多数来源于终极控股股东。因此,这样的制度安排容易使管理者作出的决策往往会以终极控股股东的利益为出发点。当董事长兼任总经理时,公司治理质量更差,为终极控股股东的掠夺行为提供了便利。大股东之间的股权制衡可以产生监督作用,防止大股东实施隧道挖掘,从而能够更好地保护中小股东的利益,股权制衡产生正面的治理效应。Direceo 表示收购方公司董事长是否兼任总经理,当董事长兼任总经理时,取值为 1,否则为 0。Z 表示收购方公司股权制衡度,使用第一和第二大股东持股比例的比值衡量。

使用如下控制变量:公司特征变量包括企业规模 Size、负债水平 Lev、成长性 Grow、自由现金流量水平 Cfo,交易特征变量包括交易规模 Vol、并购类型 Sind、是否异地并购 Spro、并购年度 Year、收购方行业 Ind。

第三节　实证结果分析

一、公告日的市场反应

在并购首次公告的若干窗口期中,收购方公司在并购首次公告日前后 10 个交易日的窗口期内均获得显著为正的累积超额收益率。其中,并购公告前 1 个交易日 CAR(-1,0)、并购公告前 1 个交易日到公告后 3 个交易日 CAR(-1,3)、并购公告前 3 个交易日到公告后 1 个交易日 CAR(-3,1)、并购公告前后 1 个交易日 CAR(-1,1)直至并购公告前后 4 个交易日 CAR(-4,4)的累积超额收益率均在 1%水平下大于 0。并购公告前后 5—9 个交易日的累积超额收益率 CAR(-5,5)、CAR(-6,6)、CAR(-7,7)、CAR(-8,8)、CAR(-9,9)均在 5%水平下大于 0。并购公告前后 10 个交易日的累积超额收益率 CAR(-10,10)也在

10%水平下大于0。并购样本股价反应显著为正(见表6-1)。

表6-1　公告日的市场反应

	均值	T值	P值
CAR(-1,0)	0.02	4.48***	0.00
CAR(0,1)	0.01	3.42***	0.00
CAR(-1,3)	0.02	3.20***	0.00
CAR(-3,1)	0.03	4.58***	0.00
CAR(-1,1)	0.02	4.47***	0.00
CAR(-2,2)	0.03	4.40***	0.00
CAR(-3,3)	0.03	3.53***	0.00
CAR(-4,4)	0.02	3.10***	0.00
CAR(-5,5)	0.02	2.76**	0.01
CAR(-6,6)	0.03	2.80**	0.01
CAR(-7,7)	0.03	2.72**	0.01
CAR(-8,8)	0.03	2.55**	0.01
CAR(-9,9)	0.03	2.09**	0.04
CAR(-10,10)	0.03	1.98*	0.05

注:***、**、*分别表示显著性水平小于1%、5%、10%。

二、单因素分析

表6-2列示了CAR(-1,1)、测试变量和控制变量的描述性统计。CAR(-1,1)均值为0.02,中位数为0.01。现金流权和控制权的分离程度Cacon均值为0.84,中位数为1,最小值为0.08,最大值为1.66。收购方公司所在地地区投资者保护程度Prob均值为3.83,中位数为2.55。现金流权和控制权分离程度与收购方公司所在地地区投资者保护程度的交互项Cacon×Prob均值为3.36,中位数为2.06。目标公司所在地地区投资者保护程度Prot均值为3.72,中位数为2.3。现金流权和控制权分离程度与目标公司所在地地区投资者保护程度的交互项Cacon×Prot均值为3.08,中位数为2.06。Direceo均值为0.88,中位数

为 1,说明样本公司多为董事长兼任总经理。Z 均值为 19.67,中位数为 4.16,最大值高达到 497.72,样本公司"一股独大"现象较突出。

表 6-2   描述性统计

	均值	中位数	最小值	最大值	标准差
CAR(-1,1)	0.02	0.01	-0.23	0.38	0.08
Cacon	0.84	1	0.08	1.66	0.25
Prob	3.83	2.55	-0.27	10.24	3.37
Cacon×Prob	3.36	2.06	-0.27	17	3.36
Prot	3.72	2.3	-0.27	10.24	3.31
Cacon×Prot	3.08	2.06	-0.27	17	3.04
Direceo	0.88	1	0	1	0.32
Z	19.67	4.16	1	497.72	48.72
Size	11.56	11.63	6.52	16.82	1.39
Grow	0.3	0.19	-0.95	5.29	0.67
Lev	0.53	0.52	0.05	3.57	0.35
Cfo	0.04	0.05	-0.93	0.49	0.16
Vol	50.65	50	0.06	100	31.44
Spro	0.51	1	0	1	0.5
Sind	0.48	0	0	1	0.5
Year	0.85	1	0	1	0.36

注:***、**、* 分别表示显著性水平小于 1%、5%、10%。

表 6-3 的 Pearson 相关系数矩阵显示,现金流权和控制权的分离程度 Cacon 与 CAR(-1,1) 在 5% 水平下负相关,Direceo、Z 与 CAR(-1,1) 之间的相关关系并不显著。双变量的相关关系初步显示,公司治理特征中只有现金流权和控制权的分离程度 Cacon 对并购累积超额收益率产生影响。目标公司所在地投资者保护程度 Prot 与 CAR(-1,1) 在 1% 水平下正相关,Prob、Cacon×Prob、Cacon×Prot 与 CAR(-1,1) 之间无显著相关关系。

表 6-3 主要变量 Pearson 相关系数矩阵

	CAR (−1,1)	Cacon	Prob	Cacon ×Prob	Prot	Cac ×Prot	Direceo
Cacon	−0.15**						
Prob	0.04	0.16**					
Cacon ×Prob	−0.01	0.40***	0.94***				
Prot	0.19***	−0.05	0.35***	0.31***			
Cacon ×Prot	0.09	0.30***	0.40***	0.47***	0.89***		
Direceo	−0.03	−0.02	−0.01	−0.02	−0.05	−0.05	
Z	−0.10	0.08	0.04	0.06	−0.11*	−0.08	−0.03

注：***、**、* 分别表示显著性水平低于 1%、5%、10%，双尾检验。

三、多元回归分析

表 6-4 列示了两权分离程度、公司内部治理特征与收购方公司并购收益的关系。在全样本中，未加入公司内部治理特征以外的控制变量时，现金流权和控制权的分离程度越大，并购收益越低，Cacon 在 1% 水平下为负，加入全部控制变量后，Cacon 仍在 5% 水平下为负。董事长与总经理是否兼任 Direceo、股权制衡度 Z 与 CAR(−1,1)之间并无显著相关关系。金字塔结构下的股权制衡效应在中国上市公司中未得到发挥，因为金字塔结构抵减了股权制衡效应的正面治理作用（毛世平，2009）。

进一步根据实际控制人性质将并购样本划分为民企、国企，分组检验公司内部治理特征与收购方公司并购收益的关系。全样本中，Cacon 的系数分别为−0.05、−0.04，P 值分别为 0.00、0.04。在民企子样本组中，未加入公司内部治理特征以外的控制变量时，现金流权和控制权的分离程度越大，并购收益越低，Cacon 系数为−0.09，P 值为 0.00，在 1% 水平下为负，加入全部控制变量后，Cacon 系数为−0.08，P 值为 0.01，仍在 5% 水平下为负。由于民营上市公司的实际控制人真实存在，实际控制人可以通过金字塔结构以较低的成本(较低的控制权)获取较多的控制权私利,所以,现金流权和控制权的分离与收购方公司并购收益之间的负相关关系只存在于民营上市公司中。国企样本组中,Cacon与累积超额收差率并无显著相关关系。

表6-4 两权分离程度、内部公司治理特征与并购收益

因变量／自变量	CAR(−1,1)					
	全样本		民企		国企	
C	0.06 * (0.07)	0.08 (0.22)	0.08 (0.27)	−0.02 (0.86)	−0.01 (0.80)	0.10 (0.29)
Cacon	−0.05 *** (0.00)	−0.04 ** (0.04)	−0.09 *** (0.00)	−0.08 ** (0.01)	0.02 (0.59)	0.00 (0.91)
Direceo	−0.01 (0.54)	−0.00 (0.87)	−0.03 (0.18)	−0.03 (0.21)	0.00 (0.90)	0.03 (0.33)
Z	−0.00 (0.19)	−0.00 (0.26)	−0.00 (0.69)	−0.00 (0.80)	−0.00 (0.19)	−0.00 (0.31)
Size		−0.00 (0.34)		0.01 (0.52)		−0.01 (0.12)
Lev		0.02 (0.32)		0.01 (0.61)		0.03 (0.46)
Grow		0.00 (0.49)		0.01 (0.33)		−0.01 (0.48)
Cfo		0.02 (0.52)		0.01 (0.81)		0.11 * (0.07)
Vol		0.00 *** (0.07)		−0.00 (0.94)		0.00 ** (0.03)
Spro		−0.01 (0.28)		0.00 (0.90)		−0.03 ** (0.02)
Sind		−0.02 * (0.10)		−0.02 (0.34)		−0.03 ** (0.03)
Year		0.02 (0.17)		0.03 (0.32)		0.02 (0.40)
N	266	266	107	107	159	159
Adj.R²	0.02	0.04	0.07	0.03	0.001	0.06

续表

因变量 自变量	CAR(−1,1)					
	全样本		民企		国企	
F	2.52**	1.72*	2.71**	1.29	0.54	1.54
D−W	2.09	2.02	2.03	2.05	2.22	2.08

注:括号内为 P 值。***、**、* 分别表示显著性水平小于 1%、5%、10%。

地区投资者保护程度是否可以抑制或是加剧两权分离程度与收购方并购收益间存在的负相关关系?[①] 表 6-5 显示,就全样本的分析来看,收购方所在地的投资者保护程度并未对两权分离程度与并购收益的关系产生增量影响,Cacon×Prob 与并购收益间无显著相关关系。出于结论稳健性的考虑,使用收购方公司所在地市场中介组织发育程度、律师占人口比、注册会计师占人口比、收购方公司是否地处东南沿海环渤海地区、收购方公司所在地信任程度作为投资者保护程度的代理变量,结论一致。

表6-5　收购方地区保护、两权分离与并购收益(全样本)

因变量 自变量	CAR(−1,1)				
C	0.09 (0.12)	0.09 (0.12)	0.09 (0.13)	0.10* (0.07)	0.11 (0.15)
Cacon	−0.03 (0.25)	−0.04 (0.22)	−0.03 (0.28)	−0.06** (0.04)	−0.0 (0.20)
Cacon×Prob	−0.00 (0.67)	−0.00 (0.70)	−0.00 (0.64)	0.03 (0.43)	0.01 (0.51)
Prob	0.00 (0.44)	0.00 (0.45)	0.00 (0.43)	−0.01 (0.74)	−0.00 (0.88)

① 由于内部公司治理因素与收购方并购收益无显著相关关系,后续实证分析未再加入内部公司治理因素变量。

续表

自变量＼因变量	CAR(-1,1)				
Size	-0.01 (0.16)	-0.01 (0.16)	-0.01 (0.16)	-0.01 (0.18)	-0.01 (0.14)
Lev	0.02 (0.14)	0.02 (0.15)	0.02 (0.15)	0.02 (0.15)	0.02 (0.14)
Grow	0.01 (0.43)	0.01 (0.43)	0.01 (0.44)	0.01 (0.37)	0.01 (0.34)
Cfo	0.00 (0.88)	0.00 (0.88)	0.00 (0.89)	0.00 (0.92)	0.00 (0.92)
Vol	0.00 (0.17)	0.00 (0.17)	0.00 (0.17)	0.00 (0.17)	0.00 (0.16)
Spro	-0.02 (0.11)	-0.02 (0.11)	-0.02 (0.11)	-0.01 (0.23)	-0.01 (0.18)
Sind	-0.02 (0.13)	-0.02 (0.13)	-0.02 (0.13)	-0.01 (0.16)	-0.01 (0.15)
Year	0.02 (0.15)	0.02 (0.15)	0.02 (0.15)	0.02 (0.15)	0.02 (0.17)
N	266	266	266	266	266
Adj.R^2	0.04	0.04	0.04	0.04	0.05
F	1.93**	1.96**	1.91**	1.99**	2.04**
D-W	2.00	2.01	2.00	2.05	2.05
备注	市场中介组织发育程度	律师占人口比	注册会计师占人口比	地处东南沿海环渤海地区	信任程度

注:括号内为 P 值。***、**、* 分别表示显著性水平小于 1%、5%、10%。

表 6-6 显示,就全样本的分析来看,目标公司所在地的投资者保护程度对两权分离程度与并购收益的关系产生增量影响,Cacon×Prot 与并购收益之间存在负相关关系。以市场中介发育程度、律师占地区人口比、注册会计师占地区人口比作为地区投资者保护的代理变量时 Cacon×Prot 系数分别为-0.01、-0.01、-0.01,P 值分别为 0.04、0.04、0.05,均在 5% 水平下显著为负。以地区信任程度作为投资者保护的

代理变量时,Cacon×Prot 达到边际显著(P=0.14)。以目标公司是否地处东南沿海环渤海地区作为代理变量时,Cacon×Prot 的显著性水平有所下降,但符号仍为负。目标公司地区投资者保护程度 Prot 与累积超额收益率显著正相关,与第三章研究结论一致。

地区投资者保护程度对两权分离程度与并购收益关系的增量影响的分析表明,当实际控制人在并购活动中利用现金流权和控制权的分离掠夺中小投资者利益时,目标公司所在地的投资者保护程度越高,收购方公司的并购收益越低,市场能够识别实际控制人的行为,目标公司所在地的投资者保护程度发挥了惩戒效应。

表 6-6　目标方地区保护、两权分离与并购收益(全样本)

因变量 / 自变量	CAR(−1,1)				
C	0.03 (0.63)	0.03 (0.62)	0.03 (0.63)	0.05 (0.43)	−0.06 (0.45)
Cacon	0.01 (0.69)	0.01 (0.72)	0.01 (0.68)	−0.01 (0.69)	0.07 (0.35)
Cacon×Prot	−0.01** (0.04)	−0.01** (0.04)	−0.01** (0.05)	−0.04 (0.37)	−0.03 (0.14)
Prot	0.01*** (0.00)	0.01*** (0.00)	0.01*** (0.00)	0.05 (0.17)	0.03** (0.03)
Size	−0.01 (0.20)	−0.01 (0.21)	−0.01 (0.19)	−0.00 (0.29)	−0.00 (0.27)
Lev	0.03* (0.08)	0.03* (0.08)	0.03* (0.08)	0.02 (0.15)	0.03 (0.10)
Grow	0.01 (0.38)	0.01 (0.38)	0.01 (0.38)	0.01 (0.31)	0.01 (0.29)
Cfo	0.02 (0.60)	0.02 (0.62)	0.02 (0.59)	0.00 (0.91)	0.01 (0.80)
Vol	0.00* (0.06)	0.00* (0.06)	0.00* (0.07)	0.00 (0.16)	0.00 (0.15)
Spro	−0.02** (0.03)	−0.02** (0.03)	−0.02** (0.03)	−0.01 (0.14)	−0.02* (0.09)

因变量 自变量	CAR(-1,1)				
Sind	-0.01 (0.19)	-0.01 (0.18)	-0.01 (0.19)	-0.01 (0.20)	-0.01 (0.19)
Year	0.02 (0.20)	0.02 (0.21)	0.02 (0.20)	0.02 (0.21)	0.02 (0.20)
N	266	266	266	266	266
Adj.R^2	0.09	0.09	0.09	0.05	0.07
F	3.17***	3.18***	3.14***	2.13**	2.71**
D-W	2.00	1.99	2.00	2.02	2.00
备注	市场中介组织发育程度	律师占人口比	注册会计师占人口比	东南沿海环渤海地区	信任程度

注:括号内为 P 值。***、**、* 分别表示显著性水平小于 1%、5%、10%。

　　地区投资者保护程度对两权分离程度与并购收益关系的增量影响是否只存在于民营上市公司中？按实际控制人性质划分样本组，如表6-7所示，在民企子样本中，目标公司所在地的投资者保护程度对两权分离程度与并购收益的关系产生增量影响，Cacon×Prot 与并购收益之间存在负相关关系。以市场中介发育程度、律师占地区人口比、注册会计师占人口比作为地区投资者保护的代理变量时 Cacon×Prot 系数分别为-0.01、-0.01、-0.01，P 值分别为 0.10、0.08、0.13，在 10% 水平下显著为负或是达到边际显著。以地区信任程度、目标公司是否地处东南沿海环渤海地区作为代理变量时，Cacon×Prot 的显著性水平有所下降，但符号仍为负①。目标公司投资量保护程度 Prot 与累积超额收益率显著正相关，与第三章研究结论一致。控制变量均未与累积超额收益率存在显著相关关系。

_____

　　① 在民企子样本中，收购方公司所在地的投资者保护程度对两权分离程度与并购收益的关系未产生增量影响。另外，对国企子样本组的回归分析表明，地区投资者保护程度对两权分离程度与并购收益的关系并无显著增量影响。所以，未报告回归结果。

表6-7　目标方地区保护、两权分离与并购收益(民企)

因变量 自变量	CAR(−1,1)				
C	−0.07 (0.50)	−0.07 (0.47)	−0.06 (0.52)	−0.08 (0.46)	−0.19 (0.16)
Cacon	−0.00 (0.93)	−0.00 (0.92)	−0.01 (0.91)	−0.03 (0.63)	0.05 (0.71)
Cacon×Prot	−0.01* (0.10)	−0.01* (0.08)	−0.01 (0.13)	−0.08 (0.31)	−0.03 (0.31)
Prot	0.02** (0.01)	0.02** (0.01)	0.01** (0.02)	0.07 (0.17)	0.04* (0.07)
Size	0.00 (0.62)	0.00 (0.57)	0.00 (0.66)	0.01 (0.38)	0.01 (0.38)
Lev	0.02 (0.30)	0.02 (0.30)	0.02 (0.31)	0.01 (0.68)	0.01 (0.52)
Grow	0.01 (0.23)	0.01 (0.23)	0.01 (0.23)	0.01 (0.25)	0.02 (0.19)
Cfo	0.03 (0.42)	0.03 (0.43)	0.03 (0.42)	0.03 (0.56)	0.03 (0.47)
Vol	0.00 (0.78)	0.00 (0.80)	0.00 (0.77)	0.00 (0.89)	0.00 (0.93)
Spro	−0.01 (0.46)	−0.01 (0.44)	−0.01 (0.49)	−0.00 (0.91)	−0.00 (0.88)
Sind	−0.01 (0.73)	−0.01 (0.75)	−0.01 (0.71)	−0.01 (0.65)	−0.01 (0.76)
Year	0.02 (0.46)	0.02 (0.48)	0.03 (0.43)	0.03 (0.37)	0.03 (0.36)
N	107	107	107	107	107
Adj.R^2	0.12	0.13	0.11	0.05	0.09
F	2.09**	2.17**	2.0**	1.45	1.81*
D−W	1.87	1.84	1.90	2.00	1.94

注:括号内为P值。***、**、*分别表示显著性水平小于1%、5%、10%。

权力的集中影响并购收益。然而,在股权集中的情况下,仅关注直接控股股东对公司财务的影响是不全面的。因为实际控制人利用金字塔结构实施对上市公司的控制是一种普遍存在的现象,上市公司的股权通常集中在控股股东手中。因此,应全面考虑终极控股股东及其拥有的现金流量权和控制权与公司财务政策和行为之间的关系。并购扩大了企业的边界,终极控股股东持有一定的财富(以现金流权衡量)就可以控制更多的企业、资产和资本,伺机利用现金流权和控制权的分离通过内部市场转移交易低成本的掠夺财富有了更大的可能。

现金流权和控制权的分离程度越大,并购收益越低。可能由于民营上市公司的实际控制人真实存在,实际控制人可以通过金字塔结构以较低的成本(较低的控制权)获取较多的控制权私利,所以,现金流权和控制权的分离与并购收益之间的负相关关系只存在于民营上市公司中。收购方所在地的投资者保护程度并未对两权分离程度与并购收益的关系产生增量影响,目标公司所在地的投资者保护程度对两权分离程度与并购收益的关系产生增量影响,目标公司所在地的投资者保护程度越高,收购方公司的并购收益越低,市场能够识别实际控制人的行为,目标公司所在地的投资者保护程度发挥了惩戒效应。在地方国企、央企子样本组中,多个地区投资者保护程度代理变量均表明,地区投资者保护程度对两权分离程度与并购收益关系并无显著增量影响。董事长与总经理是否兼任、股权制衡度与并购收益之间并无显著相关关系。

第七章　主要结论和启示

本章将对全书进行一个总结。具体的结构安排如下:第一节是对研究结论进行归纳和总结,提出相应的研究启示;第二节根据结论提出相应的政策建议,并对研究存在的局限性进行分析。

第一节　主要研究结论和启示

一、主要研究结论

本研究基于交易成本经济学、产权理论对企业边界的分析,融合法与财务分析框架,结合我国上市公司制度环境和上市公司并购的实际,从投资者保护的研究视角入手,在理论分析的基础上,探讨投资者保护对并购可能产生的影响,系统地就并购双方所在地的地区投资者保护程度、我国投资者保护的动态变迁、实际控制人两权分离程度对我国上市公司并购活动的活跃程度、并购活动的地域选择、关联及非关联并购中收购方的并购收益的影响展开实证研究。得到如下研究结论:

第一,研究提出的并购交易成本效应得到支持。以2003—2009年间发生的、上市公司作为收购方的异地非关联股权并购为研究对象,研究发现,目标公司所在地的投资者保护程度越高,收购方公司获得的并购收益越大,而且,当目标公司所在地的投资者保护程度越高于收购方公司所在地的投资者保护程度时,收购方公司所获得的并购收益越大。收购方公司所在地的投资者保护程度自身并不对收购方的并购收益产生影响。地区投资者保护带来的并购协同效应并非来自公司治理的

"外溢效应"和"拔靴效应",而是来自于交易成本的节约、市场摩擦的下降。换言之,当目标公司所在地的投资者保护程度较高,市场摩擦较小时,收购方公司可以获得明显的并购收益。而且,当目标公司所在地的投资者保护程度大于收购方公司所在地的投资者保护程度时,目标公司面临的市场摩擦小于收购方公司,通过并购,公司投资者保护程度的整体提高和市场摩擦的整体下降使收购方公司获得并购的协同效应,由此获得并购收益。但是,地区投资者保护带来的并购协同效应仅存在于民营上市公司作为收购方的并购中。研究发现为并购的协同效应假说提供了支持证据,地区投资者保护是影响并购协同效应的重要因素。

第二,在非关联并购中,当收购方公司来自于东南沿海地区以外的省区市时,偏好选择地处投资者保护程度高的地区的目标公司进行异地并购。当收购方公司来自东南沿海地区时,偏好选择本地区目标公司进行同地并购。当收购方公司实施关联并购时,选择地处投资者保护程度高的地区的目标公司实施异地并购的可能性较小。

这两个方面的研究分别从横向和静态的视角分析了地区投资者保护程度与收购方并购收益、并购活跃程度、并购地域选择的关系。综合起来看,在非关联并购中,无论收购方公司是来自投资者保护程度高的地区还是来自投资者保护程度低的地区,收购方公司多选择市场摩擦较小地区的目标公司;当收购方公司来自投资者保护程度低的地区,目标公司来自投资者保护程度高的地区时,并购交易成本的节约和市场摩擦的下降产生并购的协同效应。这两个研究结论具有内在的逻辑一致性。

第三,我国对中小投资者的法律保护处在不断的提升过程中。我国中小投资者的法律保护经历了一个从无到有、从弱到强、逐步健全的历史实践过程。中小投资者法律保护的制度变迁带来并购的鼓励效应和惩罚效应。随着中小投资者法律保护程度的提高,收购方可从非关联并购、非利益侵占型的关联并购中获得财富效应的增加,但会从保配型和掠夺型的关联并购中遭受更多财富效应的损失,保壳型关联并购的财富效应不随中小投资者保护程度的提高发生显著变化。

第四,控股股东权力结构影响并购收益。民营收购方公司实际控制人的现金流权和控制权的分离程度越大,并购收益越低;目标公司所在地的投资者保护程度对两权分离程度与并购收益的关系产生增量影响,当目标公司所在地的投资者保护程度越高时,两权分离程度越大,收购方公司的并购收益越低,市场能够识别实际控制人的行为,目标公司所在地的投资者保护程度发挥了惩戒效应。

本书从投资者保护视角展开了"并购活动活跃程度—并购地域选择—并购收益"较为完整的研究。从横向和纵向角度、公司内部和外部角度较为全面和细致地研究了投资者保护与并购收益的关系,丰富和拓展了并购类文献、投资者保护研究文献。

第一,从投资者保护的角度揭示了并购协同效应的一个来源,为并购协同效应提供了直接的支持证据。早期关于并购协同效应的研究认为,协同效应部分来自于无效率的管理层被替换。本书发现,并购的协同效应可来自于市场摩擦的下降和投资者保护程度的提高,书中称之为并购的交易成本效应。而且,本书在立论、结论方面均与国外文献从投资者保护视角关注并购收益的研究有所不同。国外文献对投资者保护与并购收益关系的研究主要从两个层面展开:公司层面和国家层面。无论是从公司层面还是从国家层面展开的投资者保护与并购收益研究,国外文献实际上均从公司治理角度探究并购收益的来源,站在后果视角进行理论分析。在公司层面,以公司治理的基本目标——投资者保护为出发点,研究公司治理结构和特征与并购收益的关系。在国家层面,以跨国并购为研究对象,研究并购双方投资者(法律)保护与并购收益的关系。这一类研究将国家层面的投资者(法律)保护程度指代并购双方的公司治理水平,主张当并购双方来自投资者保护程度不同的国家时,公司治理的外溢效应或拔靴效应使并购创造收益。要实现公司治理的外溢效应或拔靴效应,有赖于并购后目标公司或收购方公司所遵循的法律发生调整和改变,改变公司面临的外部治理环境,最终改变公司治理水平。本书通过同时检验公司治理的外溢效应、拔靴效应以及并购的交易成本效应,采用后果视角和动机视角进行对比分析,研究在我国较为特殊的制度环境下,上市公司并购协同效应的来源。后果视角将地区投资者保护程度作为上市公司治理水平的代理变量,立论前提和依据是法与财务学文献,以及公司治理文献所主张的公司治理趋同。动机视角的研究将地区投资者保护作为收购方公司面临的制度环境的代理变量,基于交易成本经济学进行理论分析,立论依据是交易成本经济学对企业边界的分析,以及制度因素对企业边界的影响。

第二,将收购方公司的产权性质、关联并购、中小投资者法律保护变迁等我国特有的制度变量纳入投资者保护与并购收益问题的研究中。我国制度环境较为复杂,诸多文献表明,上市公司的产权性质(国有、民营)影响财务决策。国外有关的并购文献虽然有过对转型经济国家并购活动收益的研究,但缺乏对多制度因素的共同关注。例如,本书关于地区投资者保护与并购协同效应的结论只存在于民营上市公司作为收购方的样本组中,表明民企和国企的并购收益来源和协同效应存在差异。本书将多个制度因素同时纳入分析当中,丰富了转型经济国家并购收益研究的发现。

第三,为从制度视角研究并购问题拓展了新的思路。在转型经济国家,制度环境是理解财务政策的重要因素。虽然国内并购文献已将并购收益影响因素的研究由交易特征和公司特征层面扩展至制度层面,但分析思路具有明显的局限性。国内研究文献认为,为满足资本市场上市和再融资监管要求,或地方政府为实现当地 GDP 增长和官员晋升,控股股东或地方政府干预和推动企业并购,这是目前国内将新制度经济学的分析框架应用于并购问题研究的主要思路。然而,控股股东和地方政府自利动机导致的并购,显然无法带来并购收益和企业价值的增加。在我国企业并购日益活跃的背景下,自利动机视角的研究具有局限性,无法给出具有说服力的解释和结论。本书的研究结论表明,改善企业面临的制度环境,降低市场摩擦,并购活动能够创造收益;推进对投资者保护的制度建设,并购能够创造收益;改善资本市场法律制度环境和运行基础,能够对上市公司财务行为产生激励作用。应继续推进资本市场制度建设,坚持市场化改革方向,强化法律监管机制。在进一步推进我国投资者保护制度的建设和完善的同时,注重从提高执行效率的角度来加强对投资者的保护。这为从制度角度进一步理解我国日益活跃的企业并购、探究并购收益的影响因素拓展了新的思路。

第四,为收购方并购收益来源提供了一个新的解释。国内外并购收益研究文献均表明,收购方是否从并购中获得收益,结论仍是不明确的,影响收购方并购收益的因素需要作更多的研究。研究表明,不同的地区投资者保护程度下,并购交易成本和市场摩擦不同,影响收购方的相对绩效;资本市场中小投资者保护程度的变迁,可以增加非关联并购收益,减少关联并购收益;实际控制人现金流权和控制权的分离降低并购收益。增进了对收购方并购收益来源的理解,为收购方公司的并购绩效提供新的解释。

二、研究启示

第一,投资者保护是分析和理解我国企业并购的重要变量。投资者保护主要从两个渠道对我国并购活动产生影响:一是投资者保护程度降低了资本市场摩擦和市场交易成本,促进并购活动的发生,市场摩擦和交易成本的降低减少了并购成本,使并购收益显现;二是投资者保护加大了实施利益侵害和掠夺的成本,损害中小投资者利益的并购带来的收益下降。

第二,需要关注多种制度变量对并购的影响。我国制度环境较复杂,如产权性质多元化、政府干预等,可能会改变或扭曲单一因素对并购产生的影响。本研究一方面增进了对我国并购问题的研究和理解,另一方面也拓展了对转型经济国家并购问题的研究。

第三,需要重构投资者保护的内涵。在产权保护不力的背景下,民营企业是需要重点给予投资者保护的对象,保护的方面应放在产权的法律保护方面,以降低企业交易的成本和交易面临的契约不确定性。例如,国企可以从地方政府手中获得融资、政策等方面的支持和隐性担保,而且在实施享有的这些特权时,可能损害民企的利益,在并购领域表现为民企的控制权或产权被强行出售转让给国企。企业性质的差异是重构投资者保护内涵的切入点。

第二节 政策建议和研究局限

一、政策建议

对公司并购的收益问题,学术界的争论从未停止过。尤其是对收购方公司的并购收益研究,更需要从理论上、从经验和实证证据上提供新的视角。

本书从地区投资者保护和投资者保护变迁的视角研究了上市公司的并购收益问题,主要关注收购方公司的收益。通过实证分析,我们认识到并购能否活跃发展,并购能否创造价值,好的制度环境是非常重要的。因此,积极塑造良好的制度环境,加强市场的基本制度建设,加强法律保护,极为重要。具体如下:

(一)加强市场的基本制度建设,减少企业并购的市场摩擦和交易成本

制度环境施加的交易成本影响并购的效率。制度是约束人们行为及其相互关系的一套行为规则。实施企业并购必须耗费一定的费用,即并购的交易成本。但是,并购交易成本的高低取决于人们在交易过程中所形成的一系列规则即制度是否合理。若制度合理,则交易成本低,并购交易也会较顺利进行;否则,并购交易无法实现或效率下降。

加强市场的基本制度建设,减少企业并购的市场摩擦和交易成本,至少包括两个方面:

首先是加强市场机制建设,推进地区市场环境建设。市场是一种

资源配置方式。但是,各地区的市场分割和市场保护导致产品、要素无法自由、有效流动,不能实现有效配置。这为并购行为设置了障碍,市场摩擦降低了并购的效率。加强市场机制建设,主要是加强市场在资源配置中的作用,打破地方保护和市场侵害,减少政府干预。落后地区在基础设施和服务方面的持续投资有利于吸引投资者,允许更多的私人服务商参与提供公共服务将有助于增加竞争,减少交易成本。

其次是充分保护企业的产权。产权制度是一种基础性的经济制度,它不仅独自对资源配置及其效率有重要影响,而且构成了市场制度以及其他许多制度安排的基础。一个有效的产权制度,应明确界定行为主体获取与其努力相一致的收益的权利。产权制度既是市场交易的前提,又是市场交易的结果。对企业产权尊重和保护有助于企业边界的扩张。企业是市场经济的主体,是国民经济的基本要素,企业的状况决定着国民经济的运行质量,反映着市场经济体制的健康状况。在我国市场经济体制日益发展的过程中,企业并购逐步市场化。一方面,从企业角度看,并购本身是市场经济的产物,并购决策应该是企业的市场行为;另一方面,要逐步弱化政府对企业并购的干预。目前,中国资本市场制度变迁仍属于强制性变迁模式,要逐步创造有利于企业实施市场化并购的制度环境,必须对政府在市场上的行为予以合理的界定,严格界定政府行为与市场行为的边界,防止政府对市场功能的过度替代。防止政府对企业并购决策权的剥夺,防止政府代替企业作出并购的决策。

(二)加强法制建设,建立严格的监管和执行体系

在我国,中小投资者的参与在资本市场发展过程中也发挥了至关重要的作用,成为推动证券市场规模不断扩大的重要力量。然而,在我国这样一个处于发展初级阶段的新兴证券市场,法律上对投资者的保护程度较低、法律的执行力度也不够大,证券市场监管机制尚不完善。在我国证券市场发展过程中,逐步形成了一个由相关法律及规范构成的统一协调的投资者保护体系。中小投资者利益保护的力度正在不断

加强。然而,毕竟我国证券市场是一个初级的新兴市场,投资者保护机制的建立尚处于起步和摸索阶段,与西方发达、成熟的资本市场相比,我国在司法、监管等方面对于投资者的保护都还存在着许多不完善的地方。

研究中发现,仅是法律条文的出台还不能够为中小投资者带来保护,例如《公司法》、《证券法》等法律法规虽规定投资者合法权益受到损害时有权向人民法院起诉并要求索赔,但缺乏实施细则,降低了操作性。从司法实践来看,一直以来由于没有相应的诉讼机制和司法程序,缺乏证券民事赔偿机制,对证券违规行为多以行政手段予以解决,投资者的合法权益难以得到有效保障。虽然最高人民法院 2002 年 1 月 15 日就证券民事赔偿问题提出了要求,但在实践中,中小投资者往往遭遇立案难、胜诉难、索赔难等问题,高昂的诉讼成本使证券民事赔偿仍然无法真正落到实处。从监管实践来看,尽管曾多次修改规则和调整机构,努力形成以资本市场中小投资者保护为中心的集中监管基础架构,但到目前为止,我国证券市场监管方面仍然存在较为突出的问题。比如,证券监管机构缺乏统一性与独立性、监管职能与行政职能混淆、重视政府监管而忽视自律作用等,对于投资者的保护未能达到有力和有效的程度。

针对这些问题,在进一步推进我国投资者保护制度的建设和完善的同时,需要从提高执行效率的角度来加强对投资者的保护。

第一,加强法制建设。从国家的层面上看,促进企业并购活动的持续健康发展,必须加强投资者保护的制度建设。可通过规则导向的立法提高法律的可操作性,降低外部投资者对公司内部人的监督成本。从市场交易层面上看,不断完善公司并购重组法律法规体系,建立活跃与规范的并购重组市场,促进企业做优做强。

第二,改善法律法规的实施体系,对公司内部人构成可信的威胁。由于立法本身直接降低监督成本的作用相当有限,在完善法律法规体系的同时,构建卓有成效的法律法规实施体系具有更加重要的意义。

法律实施体系的完善是一个渐进过程,相关法规完善的方向是使投资者保护成本最小化。过高的诉讼成本将阻止投资者对司法的接近,进而否定他们诉诸司法的权利。因此,要进一步完善以投资者主动行动为基础的法律自我实施机制,进一步完善民事赔偿机制。要在条件成熟的情况下,扩大有关证券民事诉讼的受案范围,对内幕交易和操纵市场的行为,受害人都可提起诉讼,以便更充分地维护投资者的合法权益;考虑到专业人士在证券发行和上市公司持续信息披露中具有特别重要的作用,应在承担证券民事诉讼责任的主体范畴内,将有关中介机构以及具体责任人列入,使其承担应负的责任;为减少中小股东因行使权利成本过高而放弃维权,可以成立投资者协会,通过相应的法律援助和法律程序,代表中小股东行使表决权、诉讼权等相关权利,降低投资者维权成本,切实保护投资者利益。还可针对违法违规诉讼案件的举证困难问题,案件举证可改为由被控方举证或由控方举证相结合的方式,加大对中小投资者利益侵权案件的查处力度。

（三）继续推进资本市场制度建设,坚持市场化改革方向,强化市场监管机制

研究中发现,资本市场基础制度和运行方式的变革对并购收益产生重大影响。资本市场本身的保护机制对于上市公司的并购决策产生重大影响,创造条件使资本市场本身的保护机制发挥作用,这对于资本市场本身的发展和上市公司的并购决策均具有重要意义。我国证券市场是一个新兴加转轨的市场,丝毫不能忽视证券市场运行中市场机制的作用。因此,继续推进资本市场制度建设,强化市场监管机制极为重要。

第一,坚持市场化改革方向,充分调动市场各参与主体的积极性。中国资本市场是在计划经济体制向市场经济体制转轨过程中发展起来的,目前,市场经济体制尚不完善,资本市场本身运行的各种机制尚未健全。因此,发展中国资本市场,必须坚持市场化改革方向;正确处理政府与市场的关系,合理界定政府职能边界;进一步减少行政审批和管制,逐步构建以市场为主导的创新机制,营造有利于创新的市场环境,充分调动市场参与各方的积极性,推动资本市场可持续发展。

第二,逐步建立合理、高效的监管体制。逐步确立以行业自律、市场主体的自我约束和社会监督组成的立体、多层次的监管体系。监管重点实现从行政审批为主向信息披露为主的转变,监管模式实现从机构监管向功能监管的转变,政府职能定位从管理者到监管者的转变。

第三,逐步将中国资本市场建立成为效率较高、流动性较强和具有一定深度的市场。进一步简化行政审批,培育市场化发行和创新机制。继续深化股票发行体制市场化改革,逐步实现由核准制向注册制转变。充分发挥市场机制作用,资本市场的发行、定价、交易等活动将主要依靠市场机制的运行和自我调节,降低资本市场的进入成本,实现市场交易成本逐步降低,市场效率逐步提高。

二、研究局限

第一,限于数据可得性,未能研究目标公司的并购收益,可能导致投资者保护与并购收益之间的结论不完整。为剔除买壳上市可能带来的影响,本研究将研究样本限定在收购方为上市公司的并购事件中,这些并购事件的目标公司大多为非上市公司,缺乏公开的数据来源,导致不能对目标公司的并购收益和并购双方总并购收益进行研究。

第二,本研究的立足点在于从实证研究的角度检验投资者保护与并购收益之间的关系,而未能进一步将投资者保护纳入并购收益理论推导新的度量模型,这是未来理论研究需要进一步努力的方向。

参 考 文 献

（一）中文及中译文参考文献

1.[美]阿曼·阿尔奇安、哈罗德·德姆塞茨:《生产、信息成本和经济组织》,北京大学出版社 2003 年版。

2.白重恩、路江涌、陶志刚:《国有企业改制效果的实证研究》,《经济研究》2006 年第 8 期。

3.陈信元、原红旗:《上市公司资产重组财务会计问题研究》,《会计研究》1998 年第 10 期。

4.陈信元、张田余:《资产重组的市场反应——1997 年沪市资产重组实证分析》,《经济研究》1999 年第 9 期。

5.陈信元、叶鹏飞、陈冬华:《机会主义资产重组与刚性管理》,《经济研究》2003 年第 5 期。

6.陈信元、黄俊:《政府干预、多元化经营与公司业绩》,《管理世界》2007 年第 1 期。

7.陈玉罡、李善民:《并购中主并公司的可预测性——基于交易成本视角的研究》,《经济研究》2007 年第 4 期。

8.程仲鸣、夏新平、余明桂:《政府干预、金字塔结构与地方国有上市公司投资》,《管理世界》2008 年第 9 期。

9.樊纲、王小鲁、朱恒鹏:《中国市场化指数——各地区市场化相对进程 2006 年报告》,经济科学出版社 2007 年版。

10.方军雄:《政府干预、所有权性质与企业并购》,《管理世界》2008 年第 9 期。

11.冯根福、吴林江:《我国上市公司并购绩效的实证研究》,《经济研究》2001 年第 1 期。

12.葛家澍:《创新与趋同相结合的一项准则——评我国新颁布的〈企业会计准则基本准则〉》,《会计研究》2006 年第 3 期。

13.[美]哈罗德·德姆塞茨:《所有权、控制与企业》,经济科学出版社 1999 年版。

14.韩立岩、熊菲、蔡红艳:《基于股市行业市盈率的资本配置评价研究》,《管理世界》2003 年第 1 期。

15.韩立岩、陈庆勇:《并购的频繁程度意味着什么——来自我国上市公司并购绩效的证据》,《经济学(季刊)》2007 年第 6 卷第 4 期。

16.何燎原、王平心:《控制权转移过程中的盈余管理行为研究——基于深市上市公司的实证研究》,《财政研究》2005 年第 4 期。

17.贾康、王晓光、马晓玲:《国有企业战略性改组中的债务重组问题》,《管理世界》1998 年第 4 期。

18.靳云汇、贾昌杰:《惯性与并购战略选择》,《金融研究》2003 年第 12 期。

19.[美]科斯、诺思、威廉姆森:《制度、契约与组织》,经济科学出版社 2003 年版。

20.赖步连、杨继东、周业安:《异质波动与并购绩效——基于中国上市公司的实证研究》,《金融研究》2006 年第 12 期。

21.雷光勇、刘慧龙:《市场化进程、最终控制人性质与现金股利行为——来自中国 A 股公司的经验证据》,《管理世界》2007 年第 7 期。

22.李攻:《巨亏国有山东钢铁"叫吃"赢利民营日照钢铁》,《第一财经日报》2009 年 8 月 4 日。

23.李心丹、朱洪亮、张兵、罗浩:《基于 DEA 的上市公司并购效率研究》,《经济研究》2003 年第 10 期。

24.李善民、陈玉罡:《上市公司兼并与收购的财富效应》,《经济研究》2002 年第 11 期。

25.李善民、李珩:《中国上市公司资产重组绩效研究》,《管理世界》2003 年第 11 期。

26.李善民、曾昭灶:《控制权转移的背景与控制权转移公司的特征研究》,《经济研究》2003 年第 11 期。

27.李善民、王彩萍、曾昭灶、陈玉呈、朱滔:《中国上市公司资产重组长期绩效研究》,《管理世界》2004 年第 9 期。

28.李善民、朱滔、陈玉罡、曾昭灶、王彩萍:《收购公司与目标公司配对组合绩效的实证分析》,《经济研究》2004 年第 6 期。

29.李善民、朱滔:《多元化并购能给股东创造价值吗？——兼论影响多元化并购长期绩效的因素》,《管理世界》2006 年第 3 期。

30.李善民、周小春:《公司特征、行业特征和并购战略类型的实证研究》,《管理世界》2007 年第 3 期。

31.李善民、张媛春:《制度环境、交易规则与控制权协议转让的效率》,《经济研究》2009 年第 5 期。

32.李新春:《中国国有企业重组的企业家机制》,《中国社会科学》2001 年第 4 期。

33.李增泉、余谦、王晓坤:《掏空、支持与并购重组》,《经济研究》2005 年第 1 期。

34.李增泉、孙铮、王志伟:《掏空与所有权安排——来自我国上市公司大股东资金占用的经验证据》,《会计研究》2004 年第 12 期。

35.李增泉、辛显刚、于旭辉:《金融发展、债务融资约束与金字塔结构——来自民营企业集团的证据》,《管理世界》2008 年第 1 期。

36.廖理、曾亚敏、张俊生:《外资并购的信号传递效应分析——加剧竞争压力抑或提高并购概率》,《金融研究》2009 年第 2 期。

37.刘峰、魏明海:《公司控制权市场问题期,君安与万科之争的再探讨》,《管理世界》2001 年第 5 期。

38.刘启亮、何威风、罗乐:《新公司法、IFRS 的强制采用及应计与真实盈余管理》,《中国会计与财务研究》2012 年第 1 期。

39.刘笑萍、黄晓筱、郭红玉:《产业周期、并购类型与并购绩效的实证研究》,《金融研究》2009 年第 3 期。

40.刘小玄:《企业边界的重新确定:分立式的产权重组——大中型国有企业的一种改制模式》,《经济研究》2001 年第 4 期。

41.刘小玄:《民营化改制对中国产业效率的效果分析——2001 年全国工业普查数据的分析》,《经济研究》2004 年第 8 期。

42.卢中原:《西部地区产业结构变动趋势、环境变化和调整思路》,《经济研究》2002 年第 3 期。

43.毛世平:《金字塔控制与股权制衡效应》,《管理世界》2009 年第 1 期。

44.慕刘伟、谢恒:《我国上市公司资产重组的阶段特征与发展原则》,《金融研究》2001 年第 4 期。

45.潘红波、夏新平、余明桂:《政府干预、政治关联与地方国有企业并购》,《经济研究》2008 年第 4 期。

46.潘越、戴亦一、吴超鹏、刘建亮:《社会关系、政治关系与公司投资决策》,《经济研究》2009 年第 11 期。

47.平新乔、魏军锋:《中国汽车工业的市场规模和企业数量研究》,《经济研究》1999 年第 11 期。

48.沈艺峰、肖珉、黄娟娟:《中小投资者法律保护与公司权益资本成本》,《经济研究》2005 年第 6 期。

49.沈艺峰、许年行、杨熠:《我国中小投资者法律保护历史实践的实证检验》,《经济研究》2004 年第 9 期。

50.沈艺峰、肖珉、林涛：《投资者保护与上市公司资本结构》，《经济研究》2009年第7期。

51.世界银行：《中国政府治理、投资环境与和谐社会：中国120个城市竞争力的提高报告》，中国财政经济出版社2007年版。

52.孙永祥、黄祖辉：《上市公司的股权结构与绩效》，《经济研究》1999年第12期。

53.田利辉：《海外上市、制度跃迁和银行绩效——"中银香港"案例分析》，《管理世界》2006年第2期。

54.肖珉：《中小投资者法律保护与权益资本成本——基于中国上市公司的实证研究》，厦门大学博士毕业论文，2007年。

55.许年行：《中国上市公司股权分置改革的理论与实证研究》，厦门大学博士毕业论文，2007年。

56.许年行、赖建清、吴世农：《公司财务与投资者法律保护研究综述》，《管理科学学报》2008年第1期。

57.颜士梅、王重鸣：《并购式内创业中人力资源整合风险的控制策略：案例研究》，《管理世界》2006年第6期。

58.于开乐、王铁民：《基于并购的开放式创新对企业自主创新的影响——南汽并购罗孚经验及一般启示》，《管理世界》2008年第4期。

59.余明桂、潘红波：《政治关系、制度环境与民营企业银行贷款》，《管理世界》2008年第8期。

60.原红旗、吴星宇：《资产重组的真实面貌——重组对财务绩效影响的实证研究》，《上市公司会计研究论丛》1998年第6期。

61.王海：《中国企业海外并购经济后果研究——基于联想并购IBM PC业务的案例分析》，《管理世界》2007年第2期。

62.王培林、靳云汇、贾昌杰：《从并购行为剖析中国上市公司代理成本问题》，《金融研究》2007年第4期。

63.王鹏：《投资者保护、代理成本与公司绩效》，《经济研究》2008年第2期。

64.王跃堂：《中国证券市场资产重组绩效之比较分析》，《财经研究》1999年第7期。

65.吴超鹏、吴世农、郑方镳：《管理者行为与连续并购绩效的理论与实证研究》，《管理世界》2008年第7期。

66.吴晓求：《中国资本市场：股权分裂与流动性变革》，中国人民大学出版社2004年版。

67.曾颖、叶康涛：《股权结构、代理成本与外部审计需求》，《会计研究》2005年第10期。

68.曾昭灶、李善民、陈玉罡:《我国控制权转移与投资者保护关系的实证研究》,《管理学报》2012 年第 7 期。

69.赵勇、朱武祥:《上市公司兼并收购可预测性》,《经济研究》2000 年第 4 期。

70.张婷、余玉苗:《合并商誉的本质及会计处理:企业资源基础理论和交易费用视角》,《南开管理评论》2008 年第 4 期。

71.张新:《并购重组是否创造价值?——中国证券市场的理论与实证研究》,《经济研究》2003 年第 6 期。

72.张维迎:《控制权损失的不可补偿性与国有企业兼并中的产权障碍》,《经济研究》1998 年第 7 期。

73.张维迎、柯荣住:《信任及其解释:来自中国的跨省调查分析》,《经济研究》2002 年第 10 期。

74.张宗新、季雷:《公司购并利益相关者的利益均衡吗?——基于公司购并动因的风险溢价套利分析》,《经济研究》2003 年第 6 期。

75.周小春、李善民:《并购价值创造的影响因素研究》,《管理世界》2008 年第 5 期。

76.周晓苏、唐雪松:《控制权转移与企业业绩》,《南开管理评论》2006 年第 4 期。

77.中国证券监督管理委员会:《中国资本市场发展报告》,中国金融出版社 2008 年版。

78.朱宝宪、王怡凯:《1998 年中国上市公司并购实践的效应分析》,《经济研究》2002 年第 11 期。

(二)英文参考文献

1.Agrawal, A., J. F. Jaffe and G. N. Mandelker, "The Post-Merger Performance of Acquiring Firms: A Re-examination of an Anomaly", *The Journal of Finance*, Vol. 47, No.4, 1992, pp. 1605-1621.

2.Andrade, G., M. L. Mitchell and E. Stafford, "New Evidence and Perspectives on Mergers", *The Journal of Economic Perspectives*, Vol.15, No.2, 2001, pp.103-120.

3.Ang, J. S., and Y. Cheng, "Direct Evidence on the Market-driven Acquisition Theory", *Journal of Financial Research*, Vol.29, No.2, 2006, pp. 199-216.

4.Asquith, P., "Merger Bids, Uncertainty, and Stockholder Returns", *Journal of Financial Economics*, Vol.11, No.1, 1983, pp. 51-83.

5.Bae, K. H., J. K. Kang and J. M. Kim, "Tunneling or Value Added? Evidence from Mergers by Korean Business Groups", *The Journal of Finance*, Vol.57, No.6, 2002, pp. 2695-2740.

6.Barber, B. M., and J. D. Lyon, "Detecting Long-run Abnormal Stock Returns: The Empirical Power and Specification of Test Statistics", *Journal of Financial Economics*, Vol.43, No.3, 1997, pp. 341-372.

7.Bates, T. W., and M. L. Lemmon, "Breaking up is Hard to Do? An Analysis of Termination Fee Provisions and Merger Outcomes", *Journal of Financial Economics*, Vol.69, No.3, 2003, pp. 469-504.

8.Bates, T. W., D. A. Becher and M. L. Lemmon, "Board Classification and Managerial Entrenchment: Evidence from the Market for Corporate Control", *Journal of Financial Economics*, Vol.87, No.3, 2008, pp. 656-677.

9.Beck, T., A. Demirg-Kunt and R. Levine, "Law, Endowments, and Finance", *Journal of Financial Economics*, Vol.70, No.2, 2003, pp. 137-181.

10.Beneish, M. D., I. P. Jansen, M. F. Lewis and N. V. Stuart, "Diversification to Mitigate Expropriation in the Tobacco Industry", *Journal of Financial Economics*, Vol.89, No.1, 2008, pp. 136-157.

11.Bhagat, S., M. Dong, D. Hirshleifer and R. Noah, "Do Tender Offers Create Value? New Methods and Evidence", *Journal of Financial Economics*, Vol.76, No.1, 2005, pp. 3-60.

12.Bhattacharya, U., and H. Daouk, "The World Price of Insider Trading", *The Journal of Finance*, Vol.57, No.1, 2002, pp. 75-108.

13.Boubakri, N., J.C. Cosset and O. Guedhami, "Postprivatization Corporate Governance: The Role of Ownership Structure and Investor Protection", *Journal of Financial Economics*, Vol.76, No.2, 2005, pp. 369-399.

14.Bradley, M., A. Desai and E. H. Kim, "The Rationale Behind Interfirm Tender Offers: Information or Synergy?" *Journal of Financial Economics*, Vol.11, No. 1, 1983, pp. 183-206.

15.Bradley, M., A. Desai and E. H. Kim, "Synergistic Gains from Corporate Acquisitions and Their Division between the Stockholders of Target and Acquiring Firms", *Journal of financial Economics*, Vol.21, No.1, 1988, pp. 3-40.

16.Bris, A., and C. Cabolis, "The Value of Investor Protection: Firm Evidence from Cross-border Mergers", *Review of Financial Studies*, Vol. 21, No. 2, 2008, pp. 605-648.

17.Brockman, P., and D. Y. Chung, "Investor Protection and Firm Liquidity", *The Journal of Finance*, Vol.58, No.2, 2003, pp. 921-938.

18.Bruner, R. F., "An Analysis of Value Destruction and Recovery in the Aliance and Proposed Merger of Volvo and Renault", *Journal of Financial Economics*, Vol.51,

No.1, 1999, pp. 125-166.

19. Bruner, R. F., "Does M&A Pay? A Survey of Evidence for the Decision-maker", *Journal of Applied Finance*, Vol.12, No.1, 2002, pp. 48-68.

20. Bruner, R. F., and K. M. Eades, "The Crash of the Revco Leveraged Buyout: The Hypothesis of Inadequate Capital", *Financial Management*, Vol.21, No.1, 1992, pp. 35-49.

21. Byrd, J. W., and K. A. Hickman, "Do Outside Directors Monitor Managers? Evidence from Tender Offer Bids", *Journal of Financial Economics*, Vol.32, No.2, 1991, pp. 195-221.

22. Campa, J. M., and I. Hernando, "Shareholder Value Creation in European M&As", *European Financial Management*, Vol.10, No.1, 2004, pp. 47-81.

23. Caves, R. E., "Mergers, Takeovers, and Economic Efficiency: Foresight vs. Hindsight", *International Journal of Industrial Organization*, Vol.7, No.1, 1989, pp. 151-174.

24. Chang, S., "Takeovers of Privately Held Targets, Methods of Payment, and Bidder Returns", *The Journal of Finance*, Vol.53, No.2, 1998, pp. 773-784.

25. Chari, A., P. Ouimet and L. Tesar, "Cross Border Mergers and Acquisitions in Emerging Markets: The Stock Market Valuation of Corporate Control", EFA Maastricht Meetings Paper, 2004.

26. Chatterjee, R., and G. Meeks, "The Financial Effects of Takeover: Accounting Rates of Return and Accounting Regulation", *Journal of Business Finance & Accounting*, Vol.23, No.5, 1996, pp. 851-868.

27. Chernykh, L., "Ultimate Ownership and Control in Russia", *Journal of Financial Economics*, Vol.88, No.1, 2008, pp. 169-192.

28. Claessens, S., S. Djankov, J. P. Fan and L. H. Lang, "Disentangling the Incentive and Entrenchment Effects of Large Shareholdings", *The Journal of Finance*, Vol.57, No.6, 2002, pp. 2741-2771.

29. Claessens, S., S. Djankov and L. H. Lang, "The Separation of Ownership and Control in East Asian Corporations", *Journal of financial Economics*, Vol.58, No.1, 2000, pp. 81-112.

30. Clarkson, P. M., and D. A. Simunic, "The Association between Audit Quality, Retained Ownership, and Firm-specific Risk in US vs. Canadian IPO Markets", *Journal of Accounting and Economics*, Vol.17, No.1, 1994, pp. 207-228.

31. Coase, R. H., "Problem of Social Cost", *Journal of Law & Economics*, Vol.3, 1960, p. 1.

32.Coase, R. H., "The Nature of the Firm", *Economica*, Vol.4, No.16, 2007, pp. 386–405.

33.Conn, R. L., A. Cosh, P. M. Guest and A. Hughes, "The Impact on UK Acquirers of Domestic, Cross-border, Public and Private Acquisitions", *Journal of Business Finance & Accounting*, Vol.32, No.5–6, 2005, pp. 815–870.

34.Croci, E., "Corporate Raiders, Performance and Governance in Europe", *European Financial Management*, Vol.13, No.5, 2007, pp. 949–978.

35.Cosh, A., A. Hughes and A. Singh, *The Causes and Effects of Takeovers in the United Kingdom: an Empirical Investigation for the Late 1960s at the Microeconomic Level*, Oelgeschlager: Gunn & Hain Publishers, 1980.

36.Dahlquist, M., L. Pinkowitz, R. M. Stulz and R. Willamson, "Corporate Governance and the Home Bias", *Journal of Financial and Quantitative Analysis*, Vol. 38, No.01, 2003, pp. 87–110.

37.Datta, D. K., G. E. Pinches and V. Narayanan, "Factors Influencing Wealth Creation from Mergers and Acquisitions: A Meta-Analysis", *Strategic Management Journal*, Vol.13, No.1, 2001, pp. 67–84.

38.Demirg-kunt, A., and V. Maksimovic, "Institutions, Financial Markets, and Firm Debt Maturity", *Journal of Financial Economics*, Vol. 54, No. 3, 1999, pp. 295–336.

39.Denis, D. K., and J. J. McConnell, "International Corporate Governance", *Journal of Financial and Quantitative Analysis*, Vol.38, No.1, 2003, pp. 1–36.

40. Dickerson, A. P., H. D. Gibson and E. Tsakalotos, "The Impact of Acquisitions on Company Performance: Evidence from a Large Panel of UK Firms", *Oxford Economic Papers*, Vol.49, No.3, 1997, pp. 344–361.

41. Dittmar, A., J. Mahrt-smith and H. Servaes, "International Corporate Governance and Corporate Cash Holdings", *Journal of Financial and Quantitative Analysis*, Vol.38, No.1, 2003, pp. 111–134.

42.Djankov, S., C. Mcliesh and A. Shleifer, "Private Credit in 129 Countries", *Journal of Financial Economics*, Vol.84, No.2, 2007, pp. 299–329.

43.Dodd, P., and R. S. Ruback, "Tender Offers and Stockholder Returns: An Empirical Analysis", *Journal of Financial Economics*, Vol. 5, No. 3, 1977, pp. 351–373.

44.Doidge, C., "US Cross-listings and the Private Benefits of Control: Evidence from Dual-class Firms", *Journal of Financial Economics*, Vol.72, No.3, 2004, pp. 519–553.

45.Doidge, C., G. A. Karolyi and R. M. Stulz, "Why Do Countries Matter so much for Corporate Governance?" *Journal of Financial Economics*, Vol. 86, No. 1, 2007, pp. 1-39.

46.Doidge, C., G. A. Karolyi, K. V. Lins, D. P. Miller and R. M. Stulz, "Private Benefits of Control, Ownership, and the Cross-listing Decision", *The Journal of Finance*, Vol.64, No.1, 2006, pp. 425-466.

47.Dong, M., D. Hirshleifer, S. Richardson and S. H. Teoh, "Does Investor Misvaluation Drive the Takeover Market?" *The Journal of Finance*, Vol. 61, No. 2, 2006, pp. 725-762.

48.Dyck, A., and L. Zingales, "Private Benefits of Control: An International Comparison", *The Journal of Finance*, Vol.59, No.5, 2004, p. 537.

49.Eckbo, B. E., "Horizontal Mergers, Collusion, and Stockholder Wealth", *Journal of Financial Economics*, Vol.11, No.1, 1983, pp. 241-273.

50.Eckbo, B. E., "Mergers and the Market for Corporate Control: The Canadian Evidence", *Canadian Journal of Economics*, Vol. 19, No.2, 1986, pp. 236-260.

51.Edlin, A., and J. Stiglitz, "Discouraging Rivals: Managerial Rent Seeking and Economic Inefficiencies", *American Economic Review*, Vol.85, pp.1301-1312.

52.Esterbrook, F., and D. R. Fischel, *The Economic Structure of Corporate Law*, Cambridge MA: Harvard University Press, 1991.

53.Faccio, M., and L. H. Lang, "The Ultimate Ownership of Western European Corporations", *Journal of financial Economics*, Vol.65, No.3, 2002, pp. 365-395.

54. Faccio, M., L. H. Lang and L. Young, "Dividends and Expropriation", *American Economic Review*, Vol.91, No.1, 2001, pp. 54-78.

55. Fee, C. E., and S. Thomas, "Sources of Gains in Horizontal Mergers: Evidence from Customer, Supplier, and Rival Firms", *Journal of Financial Economics*, Vol.74, No.3, 2004, pp. 423-460.

56. Franks, J., R. S. Harris and S. Titman, "The Postmerger Share-price Performance of Acquiring Firms", *Journal of Financial Economics*, Vol. 29, No. 1, 1991, pp. 81-96.

57.Franks, J., and C. Mayer, "Hostile Takeovers and the Correction of Managerial Failure", *Journal of Financial Economics*, Vol.40, No.1, 1996, pp. 163-181.

58.Friedman, E., S. Johnson and T. Mitton, "Propping and Tunneling", *Journal of Comparative Economics*, Vol.31, No.4, 2003, pp. 732-750.

59.Fuller, K., J. M. Netter and M. Stegemoller, "What Do Returns to Aquiring Firms Tell Us? Evidence from Firms that Make Many Acquisitions", *The Journal of*

Finance, Vol.57, No.4, 2002, pp. 1763-1793.

60.Gaspar, J.M., M. Massa and P. Matos, "Shareholder Investment Horizons and the Market for Corporate Control", *Journal of Financial Economics*, Vol.76, No.1, 2005, pp. 135-165.

61.Ghosh, A., "Does Operating Performance Really Improve following Corporate Acquisitions?" *Journal of Corporate Finance*, Vol.7, No.2, 2001, pp. 151-178.

62.Goergen, M., and L. Renneboog, "Shareholder Wealth Effects of European Domestic and Cross-border Takeover Bids", *European Financial Management*, Vol.10, No.1, 2004, pp. 9-45.

63.Graham, J. R., M. L. Lemmon and J. G. Wolf, "Does Corporate Diversification Destroy Value?" *The Journal of Finance*, Vol.57, No.2, 2002, pp. 695-720.

64.Grossman, S. J., and O. D. Hart, "The Costs and Benefits of Ownership: A Theory of Vertical and Lateral Integration", *The Journal of Political Economy*, Vol.94, No.4,1986, pp. 691-719.

65.Grossman, S. J., and O. D. Hart, "One Share-one Vote and the Market for Corporate Control", *Journal of Financial Economics*, Vol.20, No.January-March,1988, pp. 175-202.

66.Gugler, K., D. C. Mueller, B. B. Yurtoglu and C. Zulehner, "The Effects of Mergers: An International Comparison", *International Journal of Industrial Organization*, Vol.21, No.5, 2003, pp. 625-653.

67.Hart, O., and J. Moore, "Property Rights and the Nature of the Firm", *Journal of Political Economy*, Vol.98,No.6,1990, pp. 1119-1158.

68.Haugen, R. A., and J. G. Udell, "Rates of Return to Stockholders of Acquired Companies", *Journal of Financial and Quantitative Analysis*, Vol.7, No.1, 1972, pp. 1387-1398.

69.Healy, P. M., K. G. Palepu and R. S. Ruback, "Does Corporate Performance Improve After Mergers?" *Journal of Financial Economics*, Vol.31, No.2, 1992, pp. 135-175.

70.Healy, P. M., K. G. Palepu and R. S. Ruback, "Which Takeovers are Profitable? Strategic or Financial", *Sloan Management Review*, Vol.38, No.4, 1997, pp. 45-57.

71.Houston, J. F., C. M. James and M. D. Ryngaert, "Where Do Merger Gains Come from? Bank Mergers from the Perspective of Insiders and Outsiders", *Journal of Financial Economics*, Vol.60, No.2, 2001, pp. 285-331.

72.Ingham, H., I. Kran and A. Lovestam, "Mergers and Profitability: A

Managerial Success Story?" *Journal of Management Studies*, Vol.29, No.2, 1992, pp. 195–208.

73.Jarrell, G. A., and M. Bradley, "The Economic Effects of Federal and State Regulations of Cash Tender Offers", *Journal of Law and Economics*, Vol.23, No.2, 1980, pp. 371–407.

74.Jarrell, G. A., J. A. Brickley and J. M. Netter, "The Market for Corporate Control: The Empirical Evidence since 1980", *The Journal of Economic Perspectives*, Vol.2, No.1, 1988, pp. 49–68.

75.Jensen, M., "Takeovers: Folklore and Science", *Harvard Business Review*, Vol.11–12, November-December,1984, pp.109–121.

76. Jensen, M., "Agency Cost of Free Cash Flow, Corporate Finance, and Takeovers:Corporate Finance, and Takeovers", *American Economic Review*, Vol.76, No.2, 1986, pp. 323–329.

77.Jensen, M. C., and W. H. Meckling, "Theory of the Firm: Managerial Behavior, Agency Costs and Ownership Structure", *Journal of Financial Economics*, Vol.3, No.4, 1976, pp. 305–360.

78.Jensen, M. C., and R. S. Ruback, "The Market for Corporate Control: The Scientific Evidence", *Journal of Financial Economics*, Vol.11, No.1, 1983, pp. 5–50.

79.Johnson, S., P. Boone, A. Breach and E. Friedman, "Corporate Bovernance in the Asian Financial Crisis", *Journal of Financial Economics*, Vol.58, No.1, 2000, pp. 141–186.

80.Kaplan, S. N., "Campeau's Acquisition of Federated: Value Destroyed or Value Added", *Journal of Financial Economics*, Vol.25, No.2, 1989, pp. 191–212.

81.Kaplan, S. N., and M. S. Weisbach, "The Success of Acquisitions: Evidence from Divestitures", *The Journal of Finance*, Vol.47, No.1, 1992, pp. 107–138.

82. Khanna, T., "Business Groups and Social Welfare in Emerging Markets: Existing Evidence and Unanswered Questions", *European Economic Review*, Vol.44, No.4, 2000, pp. 748–761.

83.Klein, D. B., R. G. Crawford and A. A. Alchian, "Vertical Integration, Appropriable Rents, and the Competitive Contracting Process", *Journal of Law and Economics*, Vol.21, No.2, 1978, pp. 297–326.

84. Klein, D. B., "Promise Keeping in the Great Society: A Model of Credit Information Sharing", *Economics & Politics*, Vol.4, No.2, 1992, pp. 117–136.

85. Kohers, N., and T. Kohers, "The Value Creation Potential of High-tech Mergers", *Financial Analysts Journal*, Vol. 56,No.3,2000, pp. 40–50.

86.Kornai, J., "The Place of the Soft Budget Constraint Syndrome in Economic Theory", *Journal of Comparative Economics*, Vol.26, No.1, 1998, pp. 11-17.

87.Kuipers, D. R., D. P. Miller and A. Patel, "The Legal Environment and Corporate Valuation: Evidence from Cross-border Takeovers", *International Review of Economics & Finance*, Vol.18, No.4, 2008, pp. 552-567.

88.La Porta, R., F. Lopez-De-Silanes, A. Shleifer and R.W. Vishny, "Legal Determinants of External Finance", *The Journal of Finance*, Vol. 52, 1997, pp. 1131-1150.

89.La Porta, R., F. Lopez-De-Silanes, A. Shleifer and R.W. Vishny, "Law and Finance", *The Journal of Political Economy*, Vol.106,No.6,1998, pp.1113-1155.

90.La Porta, R., F. Lopez-De-Silanes and A. Shleifer, "Corporate Ownership Around the World", *The Journal of Finance*, Vol.54, No.2,1999, pp.471-517.

91.La Porta, R., F. Lopez-De-Silanes, A. Shleifer and R.W. Vishny, "Investor Protection and Corporate Governance", *The Journal of Financial Economics*, Vol.58, No.1, 2000, pp. 3-27.

92.La Porta, R., F. Lopez-De-Silanes, A. Shleifer and R.W. Vishny, "Agency Problems and Dividend Policies around the World", *The Journal of Finance*, Vol.55, 2000, pp.1-33.

93.La Porta, R., F. Lopez-De-Silanes, A. Shleifer and R.W. Vishny, "Investor Protection and Corporate Valuation", *The Journal of Finance*, 2002, Vol.57, No.3,pp. 1147-1170.

94.Lang, L. H., R. Stulz and R. A. Walking, "Managerial Performance, Tobin's Q, and the Gains from Successful Tender Offers", *The Journal of Financial Economics*, Vol.24, No.1, 1989, pp. 137-154.

95.Leeth, J.D., and J.R. Borg, "The Impact of Takeovers on Shareholder Wealth during the 1920s Merger Wave", *The Journal of Financial and Quantitive Analysis*. Vol. 35, No.2,2002, pp.217-238.

96.Lehn, K. M., and M. Zhao, "CEO Turnover after Acquisitions: Are Bad Bidders Fired?" *The Journal of Finance*, Vol.61, No.4, 2006, pp. 1759-1811.

97.Leuz, C., D. Nanda and P. D. Wysocki, "Earnings Management and Investor Protection: An International Comparison", *Journal of Financial Economics*, Vol.69, No.3, 2003, pp. 505-527.

98.Loughran, T., and A. M. Vijh, "Do Long-Term Shareholders Benefit from Corporate Acquisitions?" *The Journal of Finance*, Vol. 52, No. 5, 1997, pp. 1765-1790.

99.Lys, T., and L. Vincent, "An Analysis of Value Destruction in AT&T's Acquisition of NCR", *Journal of Financial Economics*, Vol. 39, No. 2, 1995, pp. 353–378.

100.Marsimovic, V., and G. Philips, "Do Conglomerate Firms Allocate Resources Inefficiently Across Industries? Theory and Evidence", *The Journal of Finance*, Vol. 57, No.2, 2002, pp. 721–767.

101.Martynova, M., and L. Renneboog, "A Century of Corporate Takeovers: What Have We Learned and Where Do We Stand?" *Journal of Banking & Finance*, Vol.32, No.10, 2008, pp. 2148–2177.

102. Martynova, M., and L. Renneboog, "Spillover of Corporate Governance Standards in Cross-border Mergers and Acquisitions", *Journal of Corporate Finance*, Vol.14, No.3, 2008, pp. 200–223.

103.Massa, M., and L. Zhang, "Cosmetic Mergers: The Effect of Style Investing on the Market for Corporate Control", *Journal of Financial Economics*, Vol.93, No.3, 2009, pp. 400–427.

104.Masulis, R. W., C. Wang and F. Xie, "Corporate Governance and Acquirer Returns", *The Journal of Finance*, Vol.62, No.4, 2007, pp. 1851–1889.

105.Megginson, W. L., and J. M. Netter, "From State to Market: A Survey of Empirical Studies on Privatization", *Journal of Economic Literature*, Vol. 39, No. 2, 2001, pp.321–389.

106.Mitchell, M.L., and E. Stafford, "Managerial Decisions and Long-Term Stock Price Performance", *Journal of Business*, Vol.73, 2000, pp.287–329.

107.Moeller, S. B., F. P. Schlingemann and R. M. Stulz, "Firm Size and the Gains from Acquisitions", *Journal of Financial Economics*, Vol.73, No.2, 2004, pp. 201–228.

108.Moeller, S. B., F. P. Schlingemann and R. M. Stulz, "Wealth Destruction on a Massive Scale? A Study of Acquiring-firm Returns in the Recent Merger Wave", *The Journal of Finance*, Vol.60, No.2, 2005, pp. 757–782.

109.Morck, R., D. Wolfenzon and B. Yeung, "Corporate Governance, Economic Entrenchment, and Growth", *Journal of Economic Literature*, Vol.43, No.3, 2005, pp. 655–720.

110.Morck, R., A. Shleifer and R. W. Vishiny, "Do Managerial Objectives Drive Bad Acquisitions?", *The Journal of Finance*, Vol.45, No.1, 1990, pp. 31–48.

111.Morck, R. M., A. Shleifer and R. W. Vishny, "Alternative Mechanisms for Corporate Control", *American Economic Review*, Vol.79, No.4, 1989, pp.842–852.

112.Mueller, D. C., "Mergers and Market Share", *The Review of Economics and Statistics*, *Vol.*67, No.2,1985, pp. 259–267.

113.Officer, M. S., "The Price of Corporate Liquidity: Acquisition Discounts for Unlisted Targets", *Journal of Financial Economics*, Vol. 83, No. 3, 2007, pp. 571–598.

114.Parrino,J.D., and R.S.Harris, "Takeovers, Management Replacement, and Post-Acquisition Operating Performance: Some Evidence from the 1980s", *Journal of Applied Corporate Finance*, Vol.11,No.4, 1999, pp.88–97.

115.Pinkowitz,L.,R.Y.Stulz, and R.Williamson, "Do Firms in Country with Poor Protection of Investor Rights Hold More Cash?" *Journal of Finance*, Vol.27, No.4, 2006,pp.2725–2751.

116.Raj, M., M., and Forsyth, "Hubris amongst UK Bidders and Losses to Shareholders", *International Journal of Business*, Vol.8,No.1,2003.pp.1–16.

117.Rajan,R.G. and L. Zingales, "Financial Dependence and Growth", *American Economic Review*, Vol.88,No.3,1998, pp.559–586.

118.Rajan, R. G., and L. Zingales, "Power in a Theory of the Firm", *The Quarterly Journal of Economics*, Vol.113, No.2, 1998, pp. 387–432.

119. Rajan, R., H. Servaes and L. Zingales, "The Cost of Diversity: The Diversification Discount and Inefficient Investment", *The Journal of Finance*, Vol.55, No.1, 2000, pp. 35–80.

120.Rau, R. P., and T. Vermaelen, "Glamour, Value and the Post-acquisition Performance of Acquiring Firms", *Journal of Financial Economics*, Vol. 49, No. 2, 1998, pp. 223–253.

121.Ravenscraft, D. J., and F. M. Scherer, "Life after Takeover", *The Journal of Industrial Economics*, Vol.36, No.2, 1987, pp. 147–156.

122.Rhodes-Kropf, M., and D. T. Robinson, "The Market for Mergers and the Boundaries of the Firm", *The Journal of Finance*, Vol.63, No.3, 2008, pp. 1169–1211.

123.Roll, R., "The Hubris Hypothesis of Corporate Takeovers", *Journal of Business*, Vol.59,No.2,1986, pp. 197–216.

124.Rossi, S., and P. F. Volpin, "Cross-country Determinants of Mergers and Acquisitions", *Journal of Financial Economics*, Vol.74, No.2, 2004, pp. 277–304.

125.Ruback, R. S., "The Conoco Takeover and Stockholder Returns", *Sloan Management Review*, Vol.23, No.2, 1982, pp. 13–33.

126.Savor, P. G., and Q. Lu., "Do Stock Mergers Create Value for Acquirers?" *The Journal of Finance*, Vol.64, No.3, 2009, pp. 1061–1097.

127.Scharfstein, D. S., and J. C. Stein, "The Dark Side of Internal Capital Markets: Divisional Rent-seeking and Inefficient Investment", *The Journal of Finance*, Vol.55, No.6, 2000, pp. 2537–2564.

128.Schwert, G. W., "Markup Pricing in Mergers and Acquisitions", *Journal of Financial Economics*, Vol.41, No.2, 1996, pp. 153–192.

129.Shleifer, A., and R. W. Vishny, "Politicians and Firms", *The Quarterly Journal of Economics*, Vol.109, No.4, 1994, pp. 995–1025.

130.Shleifer, A., and R. W. Vishny, "A Survey of Corporate Governance", *The Journal of Finance*, Vol.52, No.2, 1997, pp. 737–783.

131.Shleifer, A., and D. Wolfenzon, "Investor Protection and Equity Markets", *Journal of Financial Economics*, Vol.66, No.1, 2002, pp. 3–27.

132.Sirrower, M., *The Synergy Trap: How Companies Lose the Acquisition Game*, New York :The Free Press,1997.

133.Smith, R. L., and J. H. Kim, "The Combined Effects of Free Cash Flow and Financial Slack on Bidder and Target Stock Returns", *Journal of Business*, Vol.67, No. 2, 1994, pp. 281–310.

134.Stein, J. C., "Internal Capital Markets and the Competition for Corporate Resources",*The Journal of Finance*, Vol.52,No.1,1979,pp.111–133.

135.Sudarsanam, S., P. Holl and A. Salami, "Shareholder Wealth Gains in Mergers: Effect of Synergy and Ownership Structure", *Journal of Business Finance & Accounting*, Vol.23, No.5–6, 1996, pp. 673–698.

136.Sudarsanam, S. and A. A. Mahate, "Glamour Acquirers, Method of Payment and Post-acquisition Performance: The UK Evidence", *Journal of Business Finance & Accounting*, Vol.30, No.1–2, 2003, pp. 299–342.

137.Volpin, P. F., "Governance with Poor Investor Protection: Evidence from Top Executive Turnover in Italy", *Journal of Financial Economics*, Vol.64, No.1, 2002, pp. 61–90.

138.Wang, C., and F. Xie, "Corporate Governance Transfer and Synergistic Gains from Mergers and Acquisitions", *Review of Financial Studies*, Vol.22, No.2, 2009, pp. 829–858.

139.Warga, A., and I. Welch, "Bondholder Losses in Leveraged Buyouts", *Review of Financial Studies*, Vol.6,No.4, 1993, pp. 959–982.

140.Weingast, B. R., "Economic Role of Political Institutions: Market-Preserving Federalism and Economic Development", *Journal of Law, Economics & Organization*, Vol.11, 1995, p. 1.

141. Williamson, O. E., *Markets and Hierarchies*: *Analysis and Antirust Implicatiosns*, New York: The Free Press, 1975.

142. Williamson, O. E., *The Economic Institution of Capitalism*, New York: The Free Press, 1985.

143. Wurgler, J., "Financial Markets and the Allocation of Capital", *Journal of Financial Economics*, Vol.58, No.1, 2000, pp. 187–214.

人名索引

Jansen,I.P. 杰恩森

Jarrel,G. 吉里尔

Jarrel,N. 吉里尔

Jensen,M. 詹森

Johnson,S. 约翰森

Jovanovic,B. 约翰诺维克

K

Kang,J.K. 康

Kaplan,S.N. 卡普兰

Karolyi,G.A. 卡洛里

Khanna 坎纳

Kim,E.H. 金

Kim,J.H. 金

Kim,J.M. 金

Klein,D.B. 克莱因

Kohers,N. 克舍斯

Kohers,T. 克舍斯

Kornai,J. 克耐尔

Kraakman,R. 卡拉曼

Kran,I. 卡莱恩

Kuipers,D.R. 库柏斯

L

La Porta,R. 拉普塔

Lang,L.H. 郎

Leeth,J.D. 利西

Lehn,K.M. 列恩

Lemmon,M.L. 莱蒙

Leuz,C. 利兹

Lev,B. 利维

Levine,R. 利维恩

Lewis,M.F. 利维斯

Lins,K.V. 林斯

Lopez-De-Silanes,F. 洛普迪西莱恩斯

Loughran,T. 朗格莱恩

Lovestam,A. 洛维斯坦姆

Lu,Q. 陆

Lyon,J.D. 利恩

Lys,T. 利斯

M

Mahrt-smith,J. 马特史密斯

Maksimovic,V. 马克西莫维克

Mandelker,G.N. 曼德科尔

Marsimovic,V. 马斯莫维克

Martynova,M. 玛蒂诺娃

Massa,M. 马萨

Masulis,R.W. 马苏里斯

Matos,P. 马特斯

Mayer,C. 梅尔

McConnell,J.J. 麦克奈尔

Mcliesh,C. 麦利叙

Meckling,W.H. 梅克林

Meeks,G. 米克斯

Megginson,W.L. 麦金森

Meyer,M. 梅耶

Miller,D.P. 米勒

Mitchell,M.L. 米歇尔

Mitton,T. 米顿

Moeller,S.B. 穆勒

后　记

正如斯蒂格勒(Stigler)在对美国企业成长史进行考察后所言,美国大公司无一不是通过某种方式和某种程度的兼并成长起来的,没有一家美国大公司是主要依靠内部扩张成长起来的。公司并购是各国资本市场的热点问题,公司并购收益的研究是公司财务理论研究的焦点话题之一。公司并购是否创造了价值,尽管学者们运用规范和实证研究进行了深入的研究和调查,得出许多有见解的结论,但是,他们的研究结论至今尚未达成一致。人们逐渐认识到他们无法解释公司并购收益实证结论与并购浪潮高涨之间的矛盾。显然,对理论与实证差异进行解释,增强实证研究的说服力和修正现有理论是公司并购收益研究继续发展的方向。一个值得思考的问题是,在我国目前投资者保护较弱的制度环境下,以成熟市场为前提设计的公司并购收益计量模型应做何种修正,以解释我国上市公司并购是否创造价值,影响因素是什么?对这一问题的思考,将丰富和推动公司并购理论。而且,对资本市场监管者和公司自身而言也都具有重要意义。

我国企业所处的制度环境具有明显的三大特征:一是制度环境的地区差异非常明显,各地区对投资者的保护程度参差不齐。二是政府主导建立和改变制度环境。与一些成熟市场自我演进的发展模式不同,中国资本市场的发展是由政府与市场共同推动的,走了一条"政府自上而下推动"与"市场自我演进"相结合的市场改革道路。三是资本市场制度环境处于趋好的变革当中,最重要的表现是资本市场在逐渐增强对投资者的保护。这一点在法律法规的变革、市场基础制度变革、上市公司制度变革方面均得到显著体现。市场化、规范化成为中国资本市场近年来改革和发展的主题。但是，仍存在以下问题：市场机制不完善、市场运行效率不高，上市公司治理水平有待提高，投资者结构不合理，机构投资者规模偏小、发展不平衡，法律和诚信环境有待完善，监管效率和执法效率有待提高。市场的基本特征仍然是"新兴加转轨"，整体发展水平仍处于初级阶段。对投资者的保护程度改变公司财务政策的决策约束边界，最终影响公司财务决策本身。

本研究正是在这样的背景和动机下进行的，研究期间得到了国家自然科学基金委员会的项目资助。后续也将在此基础上继续进行基于我国制度环境视角的公司并购研究，去发现和解释影响我国公司并购的因素，并使之理论化和体系化。

研究之路是艰辛、寂寞而又快乐的。感谢唐建新教授。从硕士研究生开始，我就师从唐老师。硕博学习直至工作，唐老师谆谆教导，费心费力搭建学习和学术研究的平台。已记不清有多少次与唐老师讨论文章的修改。尤其在迷茫和彷徨的时候，唐老师总是给我鼓励和鞭策。感谢王永海教授、余玉苗教授、廖洪教授、谢获宝教授传道、授业、解惑。感谢良师益友李青原教授、潘红波教授、余明桂教授、刘启亮教授，可亲可敬的四位老师是引导我实现研究方法转型的引路人。他们总是在忙碌的科研工作之余，耐心细致地解答我的疑问，毫无保留地指出我文章中的不足和需要改进的地方，让我分享他们对前沿问题的理解和研究。和他们的讨论和畅谈，使我受益匪浅。感谢同窗好友，与他们的交流能够点亮思想的火花。感谢师弟苏磊、卢剑龙和师妹陈荟伊为数据收集付出的辛勤劳动。感谢我的亲人，尤其要感谢我的丈夫，他的宽容、理解和支持，我备感珍惜。

学术之路漫漫修远，我只能而且必须加倍努力！

陈　冬

2013 年 8 月